KB125981

명강사 25시

세상을 향해 꿈을 품다

김보미 | 김연숙 | 김학찬 | 김형곤 | 문성주 | 송은섭 | 신경희
신영호 | 이영선 | 일기스님 | 장진영 | 정문스님 | 정서희
정자영 | 조재문 | 최형주 | 허지우

도서
출판 행복에너지

명강사 25시

세상을 향해
꿈을 품다

초판 1쇄 발행 2019년 12월 25일

지 은 이   신경희 외 16인 공저
발 행 인   권선복
편   집   유수정
디 자 인   오지영
전 자 책   서보미
발 행 처   도서출판 행복에너지
출판등록   제315-2011-000035호
주   소   (07679) 서울특별시 강서구 화곡로 232
전   화   0505-613-6133
팩   스   0303-0799-1560
홈페이지   www.happybook.or.kr
이 메 일   ksbdata@daum.net

값 20,000원
ISBN   979-11-5602-768-3   (03190)

명강사 25시

세상을 향해
꿈을 품다

"명강사 17명이 전하는 꿈의 향연!
지식과 지혜의 선물!"

김보미 | 김연숙 | 김학찬 | 김형곤 | 문성주 | 송은섭 | 신경희
신영호 | 이영선 | 일기스님 | 장진영 | 정문스님 | 정서희
정자영 | 조재문 | 최형주 | 허지우

도서 출판 행복에너지

이관규

고려대학교 평생교육원장

아름다운 가을, 9월에 야심차게 출발한 고려대 명강사 최고위과정 11기를 새하얀 눈이 온 세상을 덮은 겨울에 마무리하게 되었습니다. 총 18주간 진행된 이번 명강사 최고위과정 11기는 역량과 책임감, 열정이 가득한 강의와 수업으로 사회적 책임의식 및 사명감이 있는 명강사 육성이라는 소기의 목적을 달성하였습니다.

유익한 과정을 마무리하면서 11기생들의 추억과 소망과 도전을 담은 『명강사 25시−세상을 향해 꿈을 품다』라는 귀한 책을 출간하게 되어 진심으로 축하의 마음을 전합니다.

고려대 명강사 최고위과정은 고려대학교 역사 110년 만에 최초로 개설되었으며, 11기까지 총 277명의 명강사를 배출하여 명실상부한 평생교육원의 명품 전문가 프로그램으로 그 위치를 공고히 하고 있습니다.

그렇기에 고려대 명강사 최고위과정을 수료한 분들은 강의의 본질과 기술을 이해하고 실전에서 실천하는 명강사의 이름에 어울리는 분들이라 할 수 있습니다.

이번 고려대 명강사 최고위과정 11기 수료생들이 세상에 내놓은 『명강사 25시-세상을 향해 꿈을 품다』에는 여러분의 열정, 도전, 희망이 담겨 있습니다. 많은 독자들이 다양한 삶 속에서 자신의 가치를 찾아내는 명강사들의 자세와 사람들을 감동시키는 명강사의 요건을 이 책을 통해 들여다 볼 수 있게 되리라 생각됩니다.

다시 한 번 11기 고려대 명강사 최고위과정에서 『명강사 25시-세상을 향해 꿈을 품다』를 출간하게 된 것을 진심으로 축하드립니다.

서필환

고려대 명강사 최고위과정 대표강사, 성공사관학교총장

대한민국 최고의 명강사가 되기 위한 18주간의 힘든 여정을 서로 응원하며 열정으로 이겨내신 11기 여러분께 감사와 축하의 말씀을 전합니다.

고려대 명강사 최고위과정은 전통적으로 『명강사 25시-세상을 향해 꿈을 품다』를 발간하여 그동안의 노력과 열정을 지혜로 바꾸어서 독자들에게 제공해왔습니다. 11기 여러분의 특별한 콘텐츠를 고스란히 담은 공저가 세상에 드러나면서 선한 영향력을 주는 빛과 소금이 되기를 기대하며 공저발간을 축하드립니다. 아울러 자율적 리더십으로 11기를 이끌어주신 장진영 원우회장님과 신경희 공저부회장님, 원고를 직접 챙겨주신 공저위원장님들의 노고에 아낌없는 박수를 보냅니다.

고려대 명강사 최고위과정은 1905년 고려대학교 개교 이래 최초로 개설된 최고의 명강사 양성프로그램입니다. 2019년 12월, 11기 18명이 수료하면서 총 277명의 명강사를 배출하게 되었습니다. 명실상부한 최고의 프로그램으로 양성된 명강사 원우님들이 우리 사회 곳곳에서 최고의 강연과 강의로 국민들에게 감동과 지혜를 나누어주고 있습니다. 이제는 강사로서 사회적 책임을 다하는 자세로 나아가야 합니다. 여러분은 충분한 자격을 갖추었고 이미 준비된 명강사입니다.

다시 한 번 고려대 명강사 최고위과정 11기의 『명강사 25시-세상을 향해 꿈을 품다』 출간을 진심으로 축하드리며 명강사로 승승장구하시길 기원합니다.

『명강사 25시-세상을 향해 꿈을 품다』 원더풀! 고려대 명강사 파이팅!

‖ 발간사 ‖

장진영

고려대 명강사 최고위과정 11기 원우회장

"이 세상은 정말 훌륭하게 조성되어 있다. 언제 어디에 있든지 간에 그 속에 존재하는 우리는 다른 모든 것과 조화롭게 어우러져 있다."

요한 볼프강 폰 괴테Johann Wolfgang von Goethe의 말입니다. 세상이 신의 질서 속에서 돌아가든지, 자연 질서 속에서 움직이든지, 아니면 특별한 질서에 따라 운영되든지 간에 이 세상의 모든 것은 서로 연결되어 있다는 의미입니다.

고려대 명강사 최고위과정 11기 원우님들은 신뢰라는 특별한 연결점으로 18주를 함께 웃고, 고민하고, 성장하는 소중한 시간을 만들어 왔습니다. 그간의 노력과 열정을 돌이켜 보면 힘든 고비도 많았습니다. 그때마다 누구 하나 불평불만

없이 지혜의 중지를 모아주어서 현명하게 나아갈 수 있었습니다. 원우 여러분들께 깊이 감사드립니다.

『명강사 25시-세상을 향해 꿈을 품다』는 11기 원우님들이 세상을 향해 전하는 희망의 메시지를 담았습니다. 집필진 한 분 한 분의 인생이 고스란히 녹아 있으며, 수십 년의 인생 노하우와 세상을 향한 꿈은 독자들에게 지식을 넘어 지혜의 선물이 될 것입니다.

피천득 시인님은 사람의 인연에 대해 '현명한 사람은 옷깃만 스쳐도 인연을 살려낸다.'라고 했습니다. '옷깃만 스쳐도 인연이다.'라는 말이 아니라 그 정도의 가벼운 만남도 인연으로 만들어낸다는 뜻입니다. 그렇게 하기 위해서는 엄청난 정성과 노력이 들어가야 합니다. 우리는 지난 18주간 그 정성과 노력을 모두 기울였습니다. 그래서 11기는 우리 인생에서 소중한 인연이 되었고 앞으로도 그 인연을 계속 살려나갈 것입니다.

이 지면을 빌려 하나라도 더 가르쳐 주시려고 애써주신 교수님들과 서필환 총장님, 운영강사님들께 감사드리며『명강사 25시-세상을 향해 꿈을 품다』가 나오기까지 열의를 다해주신 신경희 공저부회장님과 세 분의 공저위원장님(송은섭, 정자영, 정문스님)께도 깊은 감사를 드립니다.

고려대 명강사 최고위과정 11기는 이제 세상 속으로 비상하겠습니다. 감사합니다.

KOREA UNIVERSITY

제1장 # Passion

열정

명강사 11기 공저위원장 송은섭

LIBERTAS
JUSTITIA
VERITAS

| S인문고전 연구소장, 책쓰기 코칭가, 동기부여가, 유튜버, 팟캐스트, 5급사무관 |

인문고전 독서와 책쓰기 코칭, 독서토론 지도 등 지식을 지혜로 연결하는 메신저이다.

유튜버 〈행복한 부자 송쌤〉, 팟캐스트 〈송은섭의 책 읽는 시간〉을 진행하고 있다. 저서로는 『마흔, 인문고전에서 두 번째 인생을 열다』, 『보물지도 18』, 『회피하지 않으면 해피해진다』가 있다.

〈자격〉 명강의 명강사 1급, 인성 지도사 1급, 공인행정사

M : 010-9927-2013 E : seop2013@naver.com
YouTube : 행복한 부자 송쌤 F : Facebook.com/송은섭
Instagram : eunseop_song

마흔, 인문고전으로
다시 태어나라

1. 마흔, 인문고전으로 무장하고 새롭게 태어나라!

음악 저작권료를 매년 8억씩 받는 가수가 있다. 그는 가수이자 작곡가이며 작사가이다. 그의 패션 감각은 대기업과 합작한 새로운 상품을 만들어 세계적으로 인기를 끌 만큼 뛰어나다. 그는 한국 영앤리치Young and Rich의 원조가 되었다. 2019년 현재 그는 31세의 나이에(1988년생) 40억대의 아파트를 보유하고 있으며, 펜션을 부모님께 선물했다. 제주도에는 그의 이름을 딴 카페가 있다. 그가 타고 다니는 차는 5억대의 롤스로이스이다. 그의 이름은 권지용! G드래곤이다.

가수 G드래곤이 2016년에 발표한 앨범 중에는 '신곡神曲 Divina Commedia'라는 노래가 있다. 단테의 『신곡』과 연결되는 철학적인 가사가 포함되어 있다. 우리가 TV에서 보는 '코메디'라는 장르는 그리스에서 생긴 말이다. 최초로 희극Komodia이란 장르를 개발했던 그리스인 작가들은 통치자들의 비난과 시민들의 야유를 피해 도시에서 상연을 못하고 시골 마을Kome을 돌아 다녔다. 여기서 Kome가 Commedia로 바뀌었다. Commedia라는 단어가 다시 Comedy라는 장르로 발전했다. 그래서 '코메디'는 현실을 풍자하는 장르로 분류된다. G드래곤의 '신곡神曲 Divina Commedia' 속에는 현실에 대한 풍자가 담겨 있다. 동시에 단테의 철학이 담겨 있는 수준 높은 작품이라고 할 수 있다.

몇 년 전 보수 언론 매체에서 '헬조선'에 대해 동의하는가에 대한 설문을 한 적이 있다. 안타깝게도 청소년과 20대 청년들의 97%가 그 말에 '동의한다.'라고 답했다. 과연 우리가 살고 있는 이 땅은 지옥인가? G드래곤은 '신곡神曲 Divina Commedia'은 바로 이런 관점에서 만들어진 곡이다. 이 시대의 청소년과 젊은이들의 힘겨운 고민을 철학적으로 담아낸 것이다. 지금 시대를 코메디, 모순이라고 지적한다. 하지만 '엄마 걱정하지 마요. 나는 문제가 아냐, 문제의 답이에요.'라며 희망의 메시지를 전한다. 공감, 소통, 희망을 주는 곡이다.

세계에 명성을 떨치는 또 다른 그룹이 있다. 방탄소년단 BTS이다. 방탄소년단은 미국 타임지에 '2019년 세계에서 가장 영향력 있는 100인'으로 선정되었다. 빌보드 차트 정상에

는 세 번씩이나 오르는 등 세계적인 가수로 성장했다. 최근
세 개의 앨범을 '빌보드 200'에 동시 진입시키는 등 음악을
넘어선 영향력을 보여주고 있다. 2019년 4월에 발표한 미니
앨범 '맵 오브 더 소울 : 페르소나MAP OF THE SOUL : PERSONA'
중 타이틀 곡인 '작은 것들을 위한 시' 뮤직 비디오는 전 세
계 최단 기록 1억 뷰를 달성했다. 곧이어 '24시간 동안 가
장 많이 본 유튜브 뮤직 비디오'로 기네스에 이름을 올렸다.
빌보드 K-POP 전문 칼럼니스트 제프 벤저민은 CNN방송
에 출연해서 방탄소년단의 성공 비결에 대해 이렇게 말했다.
"방탄소년단은 본인이 직접 이야기를 쓰고 음악을 만들기 때
문에 상징적입니다. 멤버들이 스스로 느끼는 사회문제 등을
소재로 해 직접 프로듀싱 한다는 면에서 K-POP이 똑같이
찍어내는 공장식 음악이라는 편견에 맞서고 있습니다. 방탄
소년단의 성공은 그들 자신에게도 의미가 크겠지만, 세계에
서 가장 큰 음악 산업 시장을 가진 미국 내에서도 의미가 대
단합니다. 미국인들에게 노래가 꼭 영어일 필요가 없다는 인
식을 심어 줬을 뿐만 아니라 눈과 귀와 마음을 열도록 만들었
습니다."

　　방탄소년단BTS은 세계 청소년들의 자기계발의 상징으로
통한다. '네가 누구니?, 너의 목소리를 내라, 너 자신을 사랑
하라.'로 연결되는 그들의 메시지는 인간을 위한 학문 즉, 인

문학에 뿌리를 두고 있다. 그래서 그들의 노래는 그 자체가 문학이 되고, 시가 되고, 철학이 되며, 역사가 된다.

　G드래곤과 방탄소년단BTS의 성공은 인문고전 소양을 갖추는 것이 얼마나 중요한 것인지를 잘 보여준다. 그들은 자신의 경험과 이야기에 철학을 담아서 노래로 만들어 냈다. 철학적 울림이 없이는 불가능한 일이다. 그들은 세계적인 공감대를 만들어 가고 있다. 20대, 30대의 젊은이들이 인생의 철학을 담은 자신만의 이야기를 하고 있는 것이다. 마흔의 중년은 인생의 전환점에서 자신만의 철학이 필요하다. 그 철학은 고집이 아니다. 나이를 무기로 고집을 부리면 꼰대가 된다. 반면 인격적으로 훌륭한 가치관을 가지면 새롭게 인생을 열 수 있다.
　급변하는 시대에 흔들림 없이 살아간다는 것은 참 힘든 일이다. 문제는 흔들림이 있느냐 없느냐가 아니다. 흔들리는 세상살이에 나를 다시 중심으로 데려다 놓는 무기가 필요하다. 그 무기는 누군가 공짜로 주는 것이 아니다. 스스로 터득하고 깨달아야 하는 것이다.
　과거의 수많은 천재들이 고민하며 찾아 놓은 인생의 진리는 인문고전 속에 온전히 담겨 있다. 문학에는 사람들이 살아가는 방식이, 역사에는 그 사람들이 이루어 놓은 시대적 산물들이, 철학에는 그런 과정에서 더 인간다워지는 생각들이 담겨 있다. 그 속살을 볼 수 있을 때 깨달음이 지혜로 찾아와 내 몸에 스며들 것이다. 그리고 지혜가 필요할 때 내 몸의 모든 세포가 일제히 반응하며 어떻게 살 것인지 방향을 제시해 줄 것이다. 그것이 인문고전의 힘이다. 그래서 인문고전을 공부해야 내 삶의 균형이 맞추어지고, 행복한 삶을 살 수 있는 것이다. 마흔, 지금이 인문고전을 공부하기에 딱 좋은 나이다.

2. 나는 이 인문고전을 읽고 인생이 변화되었다.

① 단테의 『신곡』 - 지옥편, "다시 희망을 꿈꾸게 하다."

"우리 인생길 반 고비에 올바른 길을 잃고서 난 어두운 숲에 처했었네. 아, 거친 숲이 얼마나 가혹하며 완강했는지 얼마나 말하기 힘든 일인가! 생각만 해도 두려움이 새로 솟는다."

　　　　－ 1곡, 첫 시작 문장, 단테가 자신의 상황을 독백으로 말하는 장면

"이 숲을 벗어나고 싶다면 너는 다른 길로 가야 한다."

　　　　－ 1곡, 늑대에 가로막힌 단테에게 베르길리우스가 조언하는 말

"여기 들어오는 너희는 모든 희망을 버려라."

—3곡, 지옥 문 꼭대기에 쓰인 글자

단테의 신곡은 총 3편(지옥편, 연옥편, 천국편)이다. 이 책을 읽을 무렵 나는 모든 것을 포기한 상태로 세상을 원망하고 있었다. 남 탓도, 내 탓도 아닌 세상 탓을 하고 있었다. 지옥편의 1곡 첫 문장처럼 나는 인생의 반을 살았고 어두운 터널에 갇혀 희망을 놓아 버렸다. 그런데 단테가 늑대에 가로막혀 오도 가도 못하는 상황에서 길잡이 베르길리우스의 말을 듣고, '나는 다른 길을 찾아야겠다.'라고 생각했다. 당시 나는 가정과 직장, 건강 이 모든 것이 고통으로만 느껴져서 생을 마감하려는 생각을 자주 했었다. 그 방법을 찾기 위해 인터넷을 검색하기도 했다. 그런데 단테의『신곡』이 나로 하여금 다른 길을 찾게 만든 것이다.

내가 결정적으로 생각을 바꾼 것은 3곡에 있는 지옥 문 꼭대기에 쓰인 글이었다. "여기 들어오는 너희는 모든 희망을 버려라." 나는 책장을 덮고 한참을 생각했다. 지옥문을 통과하려면 모든 희망을 버려야 통과한다. 반대로 생각하면 '모든 희망을 버리면 지옥을 간다.'라는 결론이 나왔다. 나는 희망을 버려 가면서까지 일부러 지옥을 찾아가기는 싫었다. 그리고 문득 깨달음이 찾아왔다. '나는 인생의 절반 밖에 살지 않았다. 아직 희망을 버리기에는 너무 이르다. 다시 시작해 보자.' 그때가 내 인생의 전환점이 되었다.

② 헤르만 헤세의 『데미안』, "공존과 창조적 파괴, 나는 틀을 깨기로 했다."

"새는 알에서 나오려고 투쟁한다. 알은 세계이다. 태어나려는 자는 하나의 세계를 깨뜨려야 한다. 새는 신에게로 날아간다. 신의 이름은 압락사스."

– 싱클레어가 보낸 그림에 대해 데미안이 보낸 답장 중에서

"누군가를 죽이거나 그 어떤 어마어마한 불결한 짓을 저지르고 싶거든, 한순간 생각하게. 그렇게 자네 속에서 상상의 날개를 펴는 것은 압락사스라는 것을! 자네가 죽이고 싶어 하는 인간은 결코 아무아무개 씨가 아닐세. 그 사람은 분명 하나의 위장에 불과할 뿐이네. 우리가 어떤 사람을 미워한다면, 우리는 그의 모습 속에, 바로 우리들 자신 속에 들어 앉아 있는 그 무엇인가를 보고 미워하는 것이지. 우리들 자신 속에 있지 않은 것, 그건 우리를 자극하지 않아."

– 오르간 연주자 피스토리우스가 싱클레어에게 하는 말 중에서

헤르만 헤세의 『데미안』은 누군가를 원망하는 마음이 한창 분노로 이어질 때 읽었던 소설이다. 분노의 감정이 깊어지면 생활의 질서가 파괴된다. 그렇게 되면 나를 둘러싼 세계는 점

점 더 암흑의 터널 속으로 들어가게 된다. 새가 알에서 나오기 위해 투쟁을 하듯이 나 역시 암흑의 터널을 빠져나오기 위해 발버둥 치고 있었다. 나는 온전히 나 자신을 변화시키지 못하는 상태에서 외부 세계만 변화시키려고 했었다. 그런데 소설『데미안』을 통해 나를 들여다보게 되었다.

내가 지금 처한 상황을 벗어나기 위해서는 기존에 구축되어 있었던 세계를 깨뜨려야 했다. 그러지 않고서는 새로운 세계로 날아갈 수 없었다. 그러기 위해 우선 분노의 마음을 없애야 했다. 피스토리우스의 말 중에 "자신 속에 있지 않은 것, 그건 우리를 자극하지 않아."라는 말에서 나는 분노를 없애는 방법을 찾았다. 나는 내가 만든 감옥 속에 나를 가두고, 세상 사람들에게 '힘들어 죽겠다.'라며 동정을 구하고 있었던 것이다. 미워하는 마음, 원망하는 마음이 아니라 '그 사람도 그럴 수밖에 없는 사정이 있었겠지.'라고 생각을 바꿨다. 두 세계가 공존하는 이치를 인정했던 것이다. 차츰 나의 분노는 가라앉고 생활의 질서도 바로 서게 되었다.

③ 톨스토이 『안나 카레니나』, "가정과 남자의 역할, 진실한 사랑을 깨닫다."

"행복한 가정은 모두 비슷하고, 불행한 가정은 모두 제 각각의 불행을 안고 있다."
▶ 이 소설 첫 시작 문장이다. 너무나 유명한 문장이다.

"사랑의 속성인 집착과 소유욕, 질투심에 자신을 잃은 안나는 브론스키에게 끊임없이 사랑을 요구한다. 안나의 영혼은 위태롭다. 그렇게 안나가 사랑의 독점욕으로 괴로워할 때 브론스키의 욕망은 그녀에 대한 사랑에서 사회적인 출세로 옮겨간다. 안나는 절망감에 기차에 몸을 던진다. '그 사람을 벌주고 나 자신으로부터 벗어날 수 있어.'라며."
▶ 안나가 달려오는 기차에 몸을 던져 자살하는 이유와 배경을 설명하는 문장이다.

"난 여전히 마부 이반에게 화를 내겠지. 여전히 논쟁을 벌이고, 여전히 내 생각을 부적절하게 표현 할 거야. 나의 지성소와 다른 사람들 사이에는, 심지어 아내와의 사이에도 여전히 벽이 존재할 거야. 난 여전히 나의 두려움 때문에 아내를 비난하고 그것을 후회하겠지. 나의 이성으로는 내가 왜 기도를 하는지 깨닫지 못할 테고, 그러면서도 난 여전히 기도를 할 거야, 삶의 매 순간은 이전처럼 무의미하지 않을 뿐 아니라 선의 명백한 의미를 지니고 있어. 나에게는 그것을 삶의 매 순간 속에 불어넣을 힘이 있어."

▶ 이 소설의 마지막 문장이다. 톨스토이의 분신이라고 할 수 있는 레빈의 독
  백이다.

　톨스토이의 『안나 카레니나』는 가정과 사랑에 대한 나의 생
각을 정리해 준 소설이다.

　한 여자를 사랑해서 결혼을 하고 가정을 꾸린다는 것은 배
려와 인내심, 그리고 지혜가 필요한 일이라는 것을 깨달았다.
소설 속 안나의 남편과 브론스키는 나를 보는 듯했다. 사랑에
모든 것을 바쳤다가 출세를 위해 가정을 희생시키는 남편. 나
는 출세만 하면 모든 것을 보상할 수 있다고 생각했다. 하지
만 현실은 그렇지 않았다. 가족은 가장의 잘못된 생각 아래
행복의 기회를 놓치며 살았고, 불행한 가정은 출세도 멀어지
게 했다.

　결국 그것을 깨달았을 때는 이미 처참하게 부서진 잔해 위
에 서 있는 나를 보게 되었다. 소설 마지막 레빈의 독백은 내
가 어떤 계기로 생각을 바꾸더라도 일상의 일들은 한꺼번에
바뀌지 않음을 깨닫게 했다. 의미 있는 삶을 살아가는 힘은
행복한 가정에 있음을, 그리고 그 가정을 만들어 가는 중심에
내가 서 있음을 알게 되었다.

④ 서머싯 몸 『달과 6펜스』, "마흔, 내가 하고 싶은 꿈에 도전하다."

"나는 그림을 그려야 한다지 않소. 그리지 않고서는 못 배기겠단 말이오. 물에 빠진 사람에게 헤엄을 잘 치고, 못 치고가 문제겠소? 우선 헤어 나오는 게 중요하지. 그렇지 않으면 빠져 죽어요."

"사랑하면서 예술을 할 만큼 인생은 결코 길지 않아!"

▶ 주인공 찰스 스트릭랜드가 자신이 왜 그림을 그려야 하는지 설명하는 명문장이다.

"개성이 강하다면 천 가지 결점도 기꺼이 다 용서해 주고 싶다."

나는 이 문장을 소설과 다르게 해석하고 싶다. 서머싯 몸의 『달과 6펜스』는 40대 후반에 새로운 꿈을 가지게 해준 소설이다. 내 속에 웅크리고 있던 예술적 본능을 일깨워 주었다. 그저 평범하게 사는 인생을 거부하는 것이 아니라 '내가 원하는 삶을 살아보지 못하고 죽기는 싫었다.'가 더 솔직한 표현이다.

물에 빠지면 헤엄을 잘 치고 못 치고가 문제가 아니라 빨리 헤어 나오는 것이 급선무다. 그래서 '나는 누구인가? 나는 어떻게 살 것인가?'를 고민했다.

40대 후반에 뭘 새로 시작한다는 게 참 어렵다고들 한다. 나 역시도 그랬다. 그런데 도전해 보지도 않고 포기하는 것은 더 나쁜 인생이라는 생각이 들었다. '그리지 않고서는 못 배기겠다.'는 말과 '인생은 결코 길지 않아!'라는 말이 내 생각에 강한 자극을 주었기에 뭔가를 찾기 시작했던 것이다. 그 뭔가는 평생을 걸쳐 내가 할 수 있는 일이어야 했다. 그래서 나는 작가가 되기로 결심했다.

'개성이 강하다면 천 가지 결점도 기꺼이 다 용서해 주고 싶다.'라는 문장에서 나는 서머싯 몸과 다른 생각을 했다. 아무리 천재성을 가진 예술가라도 삶에 부도덕한 부분을 성찰하고 개선하지 못하면 예술적 표현도 같은 평가를 받을 수밖에 없다. 평생 하고 싶은 일을 하더라도 부도덕한 삶을 살고 싶지는 않았다.

찰스 스트릭랜드는 46세에 자기가 하고 싶은 예술을 위해 과감한 선택을 했다. 나는 그의 선택에 강한 동기부여를 받았다. 그리고 작가로서의 새로운 인생을 살기로 결심했다.

⑤ 플로베르의 『보바리 부인』, "행복의 기준이 무엇이 되어야 하는가?"

"'인생에 대한 불만은 대체 어디서 오는 걸까? 모두 거짓이다. 어떠한 미소에도 권태의 하품이 숨겨져 있다. 어떤 환희에도 저주가, 어떤 쾌락에도 혐오가 숨어 있다. 황홀한 키스에도 충족되지 못한 더 큰 쾌락의 욕망이 입술에 남는 법이다.' 이윽고 간통 속에도 결혼의 평범함이 모두 들어 있다는 사실을 엠마는 알게 된다. 그녀는 언제나 더 큰 행복을 찾고 바라다가 오히려 행복의 샘을 말려 버리고 만 것이다."

▶ 엠마가 사랑한 남자들, 그들은 엠마가 도와 달라고 하자 모른 체 한다. 그때 엠마가 욕망의 대가를 깨달으며 후회하는 독백이다.

　플로베르의 『보바리 부인』은 '행복의 기준은 무엇이 되어야 하는가?'를 생각하게 하는 소설이다. 단순히 바람난 유부녀의 비참한 최후를 보여주는 소설이 아니다. 다른 사람이 가진 것을 내가 가지지 못했을 때 불안감이 들고 자존감은 낮아진다. 이런 비교 의식이 내 삶을 망가지게 한다. 직업적인 성공에만 전념하는 사람은 가정이 망가져 가도 애써 외면하면서 한 번에 보상받을 수 있으리라는 착각을 한다.

　위의 문장에서 '간통 속에도 결혼의 평범함이 모두 들어 있다.'는 말은 모든 생활에 적용할 수 있는 진리에 가까운 말이다. 그렇게 부러워하던 것들을 내가 가졌을 때 더 큰 욕망으로 인해 채워지지 않는 불안감만 계속 이어질 뿐이다. 그래서 필요한 것이 '행복의 기준'을 만드는 것이었다. 중요한 것은 행복의 기준을 밖이 아니라 내 안에서 찾아야 한다는 것이다. 남과 나를 비교하기보다는 내 안에서 행복의 기준을 찾아라. 그럴 때야 비로소 자존감은 그 어떤 상황에서도 흔들리지 않는 나만의 생존 무기가 될 수 있었다.

⑥ 니코스 카잔차키스의 『그리스인 조르바』, "나는 자유를 꿈꾼다."

"두목! 어느 날 나는 조그만 마을로 갔습니다. 아흔을 넘긴 듯 한 할아버지 한 분이 바삐 아몬드 나무를 심고 있더군요. 그래서 내가 물었지요. 아니, 할아버지! 아몬드 나무를 심고 계시잖아요? 그랬더니 허리가 꼬부라진 이 할아버지가 고개를 돌리며, 오냐 나는 죽지 않을 것처럼 산단다. 그래서 내가 대꾸했죠. 저는 금방 죽을 것처럼 사는데요. 자, 누가 맞을까요? 두목."

▶ 조르바의 인생관을 정리하는 한 문장이다.

"누군지는 모르지만 이자 역시 먹고 마시고 사랑하고 두려워한다. 이자 속에도 하느님과 악마가 있고, 때가 되면 뻗어 땅 밑에 널빤지처럼 꼿꼿하게 눕고, 구더기 밥이 된다. 불쌍한 것! 우리는 모두 한 형제간이지, 모두가 구더기 밥이니까!"

▶ 조르바는 사람에 대한 인식 기준이 나이가 들수록 변해 간다. 마지막 인식 기준이다.

"귀머거리 집 대문을 평생 두드려 봤자지!"

▶ 조르바가 나를 흘기며 경멸하듯이 미소 지으며 중얼거리는 문장이다.

"용기! 빌어먹을! 모험! 올 테면 오라! 죽기 아니면 까무러치기!"

▶ 조르바가 산투르를 치면서 부르는 노래 가사다.

니코스 카잔차키스의『그리스인 조르바』는 내 인생관을 자유롭게 바꿔 준 소설이다. 참 많은 문장을 건진 명작이다. 그 중에서 내가 가장 많이 생각하고 나 자신을 진단하게 만든 문장들이 위의 4개이다. 나는 죽지 않을 것처럼 사는가? 아니면 금방이라도 죽을 것처럼 사는가? 사람은 모두 죽는다. 그런데 죽지 않을 것처럼 산다. 죽음을 인식하고 산다면 헛되이 보내는 시간이 없을 것이다. 그런데도 시간을 낭비하는 것은 죽지 않을 것처럼 살기 때문이다. '누가 맞을까요? 두목.' 내가 내린 결론은 이것이다. '젊을 때는 금방 죽을 것처럼 시간을 아끼며 살아라, 나이가 들면 죽지 않을 것처럼 계속 희망을 품으면서 살아라.'

삶과 죽음, 젊음과 늙음, 그리고 현재의 나, 소중한 내 인생을 어떻게 살 것인가? 죽으면 땅 밑에 널빤지처럼 꼿꼿하게 눕고 구더기 밥이 된다. 모든 사람들이 비로소 평등하게 되는 결말이다. 귀하고 천하고, 부유하고 가난하고, 젊고 늙고, 남자와 여자 등 차이를 만들던 모든 기준이 구더기 밥으로, 한 줌의 재로 공평해지는 이치다. 사람을 보는 인식이 달라져야 한다. 차별 없는 세상을 만들어야 한다. 모두가 소중한 사람이다.

세 번째 문장은 나의 책 읽는 습관을 반성하게 만든 문장이다. 다독 위주의 독서 습관을 생각하는 독서로 바꿔 주

었다. 생각이 부족한 독서는 귀머거리 집 대문을 평생 두드
리는 것과 같다는 깨달음을 얻었다. 네 번째 문장은 이것저
것 재느라 시도도 못하고 포기하는 나에게 도전 정신을 다시
금 일깨워 준 문장이었다. 일단 도전하면 성장할 수 있는 뭐
가 나온다. 그러면 분석하고 다시 도전하면 된다. 이런 실천
의 연속이 성공에 이르게 되는 이치다. 마흔 중반에 비로소
그 이치를 깨달았다.

3. 마흔에 하는 공부가 진짜 공부다

마흔에 하는 공부가 진짜 공부다. 지금까지의 학교교육
과 경험에 의존한 공부는 모두 쓰레기통에 버려라. 입시 위
주의 시험공부가 우리의 사고를 고정관념의 틀 속에 가둬 버
렸다. 창의적인 생각이 나올 수 없는 구조 속에 살고 있는 것
이다. 경험에만 의존하는 일처리는 '꼰대'라는 신조어를 만들
었다. 국어사전에 '꼰대질'이라고 검색하면 '기성세대가 자신
의 경험을 일반화하여 젊은 사람에게 어떤 생각이나 행동 방
식 따위를 일방적으로 강요하는 행위를 속되게 이르는 말'로
나온다. 시대를 통찰하지 못하고 창의적이지 못하니까 계속
밀려나는 것이다. 그래서 지금까지의 교육과 경험을 모두 리

셋해야 한다. 그리고 그 자리에 수천 년 동안 이어져 온 지혜의 산삼을 심어야 한다. 40대에 지혜의 씨앗을 뿌리지 못하면 기회는 날개를 달고 도망가고, 위기는 번개처럼 빠르게 쫓아온다.

40대는 인생의 전환점에 이르는 시기다. 전반전을 어떻게 살았던지 간에 인생의 후반전은 전반전보다 잘 살아야 하지 않겠는가? 그러기 위해서는 정신의 토대를 단단히 세워야 한다. 그래야 끝까지 방향을 잃지 않고 갈 수 있다. 우물쭈물하다가는 급속한 변화의 흐름 속에 휩쓸려 그냥 50, 60대로 넘어간다. '나는 누구인가?, 어떻게 살 것인가?'에 진중하게 답을 할 수 없다면 인생의 후반전을 위한 진짜 공부를 해야 한다.

명강사 11기 원우회장 장진영

| 중소기업 경영, 영남대 공과대학 및 공과대학원 졸업 |

하늘에 하느님은 두 개 계층으로 계신다.
내게서 가장 가까운 층의 하느님은 부모님이시다.

〈자격〉 명강의 명강사 1급, 인성 지도사 1급, 기업교육 강사 1급

〈강의분야〉 기업 교육 ,인성 교육, 리더십 교육

M : 010-2269-8321 E : duwon98@naver.com

영화 '해적'으로
다시 보는 국새國璽

1. 진품 어보를 만나고 국새의 매력에 빠지다

"고래가 국새를 삼켰다."

영화 '해적: 바다로 간 산적(이하 해적)'에 나오는 말이다. 2014년 8월은 관객 1,800만 명을 동원한 대작 '명량'과 900만 명이 관람한 '해적'의 흥행으로 국민들에게 볼거리가 풍성했던 시절이었다. 영화 '해적'은 역사적으로 있었던 이야기와 있을 수 있는 이야기, 그리고 일어날 수 있는 이야기가 혼재된 영화이다. 영화에서는 고래가 국새를 삼켜서 그 고래를 찾기 위해 조선의 건국 세력과 해적, 산적까지 가세하여 한바탕 일전도 불사한다는 이야기가 나온다. 조선 건국 세력들에게 국새가 얼마나 중요하기에 국새를 차지하기 위한 액션 장면으로 화면을 가득 채웠을까?

조선시대 국새(대보大寶 또는 옥새玉璽)는 왕권의 정통성을 인정하고 보증하는 인장이었다. 오늘날 국새는 외교문서, 공무원의 임명장, 훈·포장 등에 날인하는 국가를 대표하는 위엄이며 존엄이라 할 수 있다. 2005년 9월 22일 저녁뉴스에 "국새에 금이 갔다."라는 감사원의 발표가 있었다. 이 국새는 대한민국 정부수립 50주년을 기념하여 만든 제3차 국새로서 국민들의 마음과 자존심에 금이 가게 한 대형 사건이었다. 나는 그 일을 계기로 국새에 대한 관심을 갖게 되었고, 국민의 한 사람으로서 우리의 정체성이 무엇인지 깊이 생각해보게 되었다.

사업을 하다보면 정신적으로 지칠 때가 많다. 그런 나에게 친한 선배가 '역대 임금님의 도장이 찍힌 병풍을 소장하면 사업이 잘된다.'라는 조언을 주었다. 나는 이왕지사 소장하려면 조선 27대 임금님의 어보가 인영印影된 진품을 구하고 싶었다. 국새에 금이 간 것을 조사한 감사원의 실무 책임자였던 김동연 국장님과는 인연이 있었다. 평소 고미술품, 현대미술, 차茶, 국새, 어보御寶, 어필御筆 등에도 학식이 깊어 가르침을 받아 왔었다. 얼마 후 지인을 통해 『근세조선왕가역대어보지영近世朝鮮王家歷代御寶之影』소장자를 만났다. 병풍을 보는 순간 그동안 배운 안목으로 영인본(원본을 인쇄한 복제본)이 아닌 진품임을 단박에 알아봤다. 소장자는 "이 작품을 소장하면 사업은 순풍에 돛을 단 듯 잘될 것이며, 자손은 번창 할 것입니다. 자자손손 가보로 대물림 하십시오."라며 역대 조선왕들의 어보가 인영된 소중한 작품이니 대신 잘 보관해달라고 했다.

이 글은 조선 초기부터 갑오경장 이전까지 대외용 국새와 관련된 역사적인 기록과 조선 초기 국새를 반사 받지 못했던 시기의 국새 이야기를 담고 있다. 그리고 국내·외에서 발견되는 국새가 찍힌 그림, 서예작품 등에 대해서도 내가 연구한 결과를 이야기하고자 한다.

2. 국새란 무엇인가?

국새는 국가의 공식 문서에 날인하는 국왕의 행정용 인장이며 또한 왕권의 상징으로서 왕위의 계승 및 정통성을 보증하는 상징이다. 조선시대에는 국새를 명·청明·淸의 황제가 주변국 왕을 승인하는 절차로 징표인 인장과 임명장에 해당하는 고명誥命을 함께 받았다.(국새와 어보, 성인근) 국새는 외교문서에 사용하는 대외용과 국내에서 행해지는 왕의 지시, 승인 등에 사용되는 대내용이 있다. 대외 외교용으로 명·청국으로부터 받은 국새를 대보大寶라고 칭했고, 일본, 유구(현 오끼나와), 여진 등의 국가 국서에 날인하는 국새는 조선이 자체제작하

였는데 이덕보以德寶라 했다. 이덕보以德寶 인면에는 위정이덕
爲政以德이라 새겨 사용했다. 국새國璽라는 용어 이외에도 대보
大寶, 국인國印, 새보璽寶, 옥새玉璽라고도 쓰였다.

명明나라로부터 반사頒賜된 국새 인면印面 에는 한문 육서六
書 중에서 가장 어렵다는 전서篆書, 38체體중 상방대전上方大篆
일명 구첩전(九疊篆: 글자의 층수가 9층 이상인 글씨체)이며, 청나라에서
반사된 국새에는 소전小篆, 지영전芝英篆으로 되어 있다.

상방대전(上方大篆)

일명 구첩전(九疊篆)으로 명나라에서 반사된 국새와 조선시대
역대 왕가의 어보(御寶) 인면에 새겨진 필체.
출처는 필자가 소장한 1661년 김진흥이 쓴 전대학(篆大學)

3. '국새를 얻는 자 천하를 얻을 것이다.' 조선의 국새

다시 영화 '해적'의 스토리를 살펴보자. 영화의 첫 장면은 이렇게 시작한다.

'1388년 5월 비가 내리는 밤, 압록강 하류 신의주와 단동 사이의 작은 섬 위화도에서 20여명의 무장들을 앞에 두고 이성계는 외친다. "오늘 위화도 회군이…. 새 역사의…." 이성계 군軍의 무장 김남길(장사정 역)은 역성혁명에 반기를 들고 군영을 탈출한다.'

다음 장면은 명나라의 수도 남경의 황궁에 태조 주원장이 높은 단위에 앉아 있고, 문무백관들이 도열해 있다. 저 멀리 고려 신하 복장을 한 오달수(한상질 역)가 감격에 겨워 우렁찬 목소리로 "황은이 망극하나이다! 폐하!"라고 외친다. 황제가 국새國璽를 하사해 주어 은혜가 무한대란다. 국새를 받은 오달수는 바다를 통한 귀국길에서 고래의 습격을 받는다. 그리고 국새는 고래가 삼켜 버린다. 오달수는 귀국 후 조정에 "해적 무리에게 국새를 강탈당했다."고 거짓 보고를 한다. 전대미문의 국새 강탈 사건으로 조정은 혼란에 빠지며 국새를 찾기 위해 조선에서 날고 긴다는 무리들이 서해 바다로 몰려든다.

무장 김남길(장사정 역)이 위화도 회군의 역성혁명에 참여했으면 부귀영화는 보장되었을 것이다. 그러나 위화도에서 도망친 김남길(장사정 역)은 끼니조차도 걱정하는 비루한 산적이 되고 말았다. 고래는커녕 바다도 처음 보는 산적 무리들과 함께 바다로 향한다. 바다를 호령하다가 졸지에 국새 도둑으로 몰린 위기의 해적들과 건국을 눈앞에 둔 개국 세력들이 바다에서 한바탕 벌이는 고래 사냥이다. (네이버 영화평 참조) 영화에 나오는 실제 역사적 인물들은 이성계, 한상질(오달수 역), 장사정(김남길 역), 정도전(안내상 역) 등이다.

조선시대에 중국으로부터 받은 국새는 명나라에서 3회, 청나라에서 3회 도합 6개의 국새를 받았으나, 현재 보관하고 있는 국새는 하나도 없다.

『조선왕조실록』에서 조선이 국새를 받기까지의 과정을 살펴보면 다음과 같다.

① 1392년 7월 17일 이성계는 고려 34대 공양왕을 폐하고 명나라 주원장이 1370년 공민왕에게 내려준 국새로 고려국高麗國의 임시 국왕國王으로 등극한다. ▶ ② 1392년 8월 29일 사신을 명조정에 파견한 이성계는 왕호를 인정받을 때까지 임시로 고려왕을 맡겠다는 권지고려국사權知高麗國事를 11월

27일 명나라 조정으로부터 허락을 받는다. ▶ ③ 1392년 11월 29일 국호國號를 정하기 위해 예문관 학사 한상질을 중국 남경으로 파견, 1393년 2월 15일부 고려라는 국호를 버리고 명 태조 주원장이 정해준 조선朝鮮 국호와 황제의 명령서인 조칙을 받아온다. ▶ ④ 1394년 6월 16일 명나라 사신 황영기가 명나라 조정에서는 "이성계는 이인임의 아들이다."로 알고 있다고 전해준다. 이에 조선 조정은 발칵 뒤집히고, 조선건국 정통성의 근간이 흔들리는 사건이 발생한다. 이 사건이 1390년 이성계의 정적 윤이尹彝, 이초李初가 명나라로 귀순해서 이성계를 타도하기 위해 친원파인 이인임의 후손이라고 한 사건이다. ▶ ⑤ 1400년 9, 11월 우인열과 이문화를 명나라에 파견하고 고명과 국새를 요청한다. 이에 명나라는 고명사신을 조선으로 보낸다. 사신이 출발한지 며칠 지나지 않아 '정종(1398~1400년: 재위 2년)이 왕위를 아우 이방원에게 양위했다.'는 소식이 전해진다. 이에 명나라는 조선 내부 사정에 의심을 품고 고명사신을 회귀시킨다. 이후 조선은 10년 동안 고명과 국새를 받지 못한다.

명나라로부터 받은 첫 번째 국새는 1401년(태종1년) 6월 개국 후 10년 만에 조선 국왕으로 임명한다는 임명장인 고명誥命이다. 국새는 명나라 사신 통정사승 장근章謹편에 수령한다. 국새는 금제이며 손잡이는 거북모양(금제귀뉴金製龜)이고 인면

印面은 『조선국왕지인朝鮮國王之印』이다. 1402년(태종 2년) 명나라 영락제가 3대 황제로 등극하고 이를 계기로 조선의 태종은 하륜을 축하 사신으로 파견하여 새로운 고명과 국새를 요청한다. 명의 두 번째 반사 국새는 1403년 4월(태종 3년) 명나라 사신 도지휘 고득高得을 통해 고명과 국새를 수령한다. 국새는 금제로 제작되었고 손잡이는 거북모양이며 인면은 『조선국왕지인』이다. 1401년 건문제에게서 받은 고명과 국새를 1403년 4월 21일 명나라에 반납한다.

좌측도 금제귀뉴이며 인면은 '조선국왕지인'
인영. 우측은 1409년 '정전왕지(鄭悛王旨)'
에 국새가 찍혀있다.
출처: 서울역사박물관소장

세 번째 반사 국새는 명의 제8대 황제인 성화제(1464~1487년) 재위 년간에 받았으며 정조 실록(정조 4년 4월 11일)에 간단히 기록되어 있으나 세조, 예종, 성종 어느 왕대인지는 알 수 없다. 청나라로부터 받은 첫 번째 국새는 1637년 11월(인조 15년) 인조가 삼전도에서 큰절을 세 번하고 언 땅에 머리를 아홉 번이나 박는 예禮인 치욕의 '삼두고구두례'를 행하고 받은 국새이다. 인면은 만주어로 새겨져 있다.

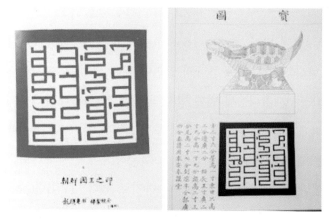

청나라에서 받은 국새. 인면은 만주어로 새겨져 있다. 은제도금용두귀형.
출처: 고궁인존(古宮印存)

청나라로부터 받은 두 번째 국새.
한자와 만주어로 하나의 인면에
새겨 넣었다.

두 번째 반사 국새는 1653년(효종 4년) 인면에 조선국왕지인
을 한자와 만주어로 하나의 인면에 새겨 넣었다. 한자는 소전
小篆으로 새겼다. 세 번째 반사 국새는 청나라 태학사 부항의
건의에 의해 조선을 포함해서 주변 제후국에 주었다. 이때 인
면은 한자와 만주어를 전서篆書로 제작하여 반사하기로 제도
화했다. 종전 사용 국새는 회수하기로 했다. 1776년(영조 52년)
반사된 국새의 인면은 『조선국왕지인』이며 한자와 만주어가
모두 전서체이고 지영전芝英篆으로 되어있다.

朝鮮國王之印

龍頭龜身 銀製鍍金
(銀)

보인소의궤(寶印所儀軌)에서 발췌

청나라로부터 세 번째 받은 국새의 인면은 한자와 만주어는 지영전이며, 용두
귀뉴이며, 은제도금이다.
출처: 고궁인존(高宮印存)

4. 조선의 국새가 찍힌 서예작품과 그림이 중국에서 발견되다.

문징명文徵明은 명시대 말기의 인물로서 생애연보는 1470~
1559년이다. 그는 저명한 문인, 서예가, 화가이며 시화삼절
이라 불리는 인물이다. 시문詩文 말미에 가정嘉靖 을묘년(1555
년)이라 쓰여있고, 조선종이에 조선국새가 찍혀있으며, 인면印
面은『조선국왕지인』이며 구첩전九疊篆이다. 조선국새가 인영
된 부분과 글씨 쓰인 부분을 분석해 보면, 국새를 먼저 찍고
글씨를 썼음이 분명하다. 1555년에 조선의 국왕은 명종明宗

대왕으로 명나라 황제 가정嘉靖에게 질 좋은 조선종이에 국새를 찍어 선물한 것으로 추정된다. 영화시행서권詠花詩行書卷은 매화, 도화, 이화에 대한 시詩이다. 중국은 이 작품을 국가 1급 문물로 지정해 두고 있다.

영화시행서권(詠花詩行書卷), 하북미술관 소장.
출처: 중국 웹 사이트

동기창(1555~1636년)은 명나라 말기의 서예가, 화가, 정치가로서 시문서화의 이론을 정립하여 남북종화를 구분하는 토대를 만들었다. 또한 그는 문인화의 기틀을 다진 화가이다. 강산추제도江山秋霽圖는 양식상 만력제에 바친 조선산 종이에 동기창 활약기 중기쯤의 작품이며, 또한 동기창의 저술 '화론'을 번역한 '화안畵眼'의 동기창 연보에는 '1591년(만력 19년) 37세 동기창은 조선에 사신을 다녀온 한세능으로부터 조선황전지朝鮮黃箋紙를 선물 받고 1592년 북경으로 돌아가는 도

중에 이 종이에 논서화법論書畫法을 썼다고 했다. 그 작품은
현재 북경의 고궁박물원에 소장되어 있다.

동기창(董期昌)의 강산추제도(江山秋霽圖)

그림의 좌측엔 조선국새인 『조선국왕지인』이 인영 되어 있다. 우측에는 건륭제가 보았
다는 인장이 찍혀있다. 현재 미국 클리브랜드 박물관에서 소장 중이다.

출처: 동양의 명화.

5. 한국의 민화에 국새가 영인된 그림의 정체는?

단원 김홍도 황묘농접도

한국의 민화, 이영수(좌측),
통도사 방장 성파 스님, 옻 칠 민화(우측)

2015년 발행된 전집 『한국의 민화』(이영수 제)의 어느 페이지를 펼쳐보면 다음과 같은 그림이 있다. 우선 상단 중앙에는 큰 도장이 찍혀있고. 괴석에 앉은 검은 고양이는 고개를 돌려 날아가는 나비 두 마리를 응시하고 있다. 패랭이꽃, 국화는 피었는데 시들어버린 갈대 한 송이가 있다.

이 그림을 처음 보았을 때 나는 '이 그림의 정체는 무엇인가?', '누가 그렸을까?'하는 의문을 가졌다. 화재畫題도, 관지款識도 없는 그림이었다. 알 수 있는 것이라곤 국새와 그림이 전하는 의미와 화풍畵風뿐이다. 그래서 그림의 주인을 찾아보기로 했다.

먼저 청나라의 작품인가? 조선 화가의 작품인가? 하고 의문을 던졌다. 국새를 만드는 방법을 보면, 몸체와 손잡이는 주물기법으로 만들고 글자는 인면에 새기는 방식이라 같은 국새를 두 개나 만들기는 어렵다. 그리고 국새는 하나만 만들어 해당국에 내려준다. 국서國書의 위변조에 대해서 대조하는 방법을 보면, 국새를 반사하기 전에 종이에 국새를 날인하고 기름을 먹이면 종이가 투명하게 된다. 그러면 새롭게 받은 국서 위에 먼저 본을 뜬 기름종이를 올려놓는 방법으로 진위를 가린다. 그림을 복제할 때 원본을 놓고 기름종이를 올려 본을 뜨는 방식은 지금도 사용하는 방식이다. 그렇다면 저 그림은 조선의 화가가 그렸을 가능성이 크다. 동양화 감상법에 '그림은 보고 감상하는 게 아니라 읽고 감상한다.'라는 뜻의 독화법讀畵法이라는 말이 있다.

고양이 묘猫는 늙은이 모耄의 중국어 독음으로 마오mao로 읽고, 예기의 곡례편에 모耄는 나이 8, 90세를 의미한다. 나비 접蝶과 늙은이 질耋은 디에die로 읽고 70세를 의미한다. 바위는 수壽을 의미하고, 국화는 국이 거居와 음이 유사하고, 대나무는 축祝, 패랭이꽃은 마디가 있어서 석죽화石竹花라고 하며 축수祝壽를 의미한다.

이 그림의 뜻은 '80세, 팔순(산수傘壽)를 축하하고 편안한 장수를 기원한다.'는 의미이며 이러한 그림을 '모질도耄耋圖'라고 한다. 또한 조선의 국새가 찍혀 있으니 당시의 국왕이 팔순을 기념으로 화원에게 그려서 조선의 왕보다 높은 사람에게 선물하려 한 것임을 알 수 있다. 인영된 국새는 1776년(영조 52년)에 반사 받은 것으로, 이때 팔순을 맞은 청국 황제는 건륭제로서 건륭 재위 55년(정조 14년, 1790년)이다. 그러면 이 그림은 정조 대왕이 특별히 한지에 국새를 찍고 전문 화사에게 건륭제 팔순연에 선물하려 했던 것으로 추정할 수 있다.

두 번째, 그렇다면 누가 그렸을까?

정조시기 궁중 도화서 소속 또는 도화서 출신으로 어진 제작에 참여한 도화서 책임자 급인 제조提調나 별제別堤 이상의 출신으로 압축되며 영모화(새와 짐승을 소재로 그린 그림)에 능하거나, 고양이와 나비를 잘 그리면서 정조대왕의 신임을 받은 화가일 것이다. 조선시대 고양이와 나비를 잘 그린 화가는 변상벽, 강세황, 김홍도가 있다.

변상벽(1730~1775년)은 영조 어진을 2회나 그렸으며, 고양이 그림의 일인자이면서 닭의 묘사가 뛰어나 변고양卞古羊, 변닭

卞鷄이라는 별명이 붙었으나 1790년 이전에 작고했기에 해당
되지 않는다. 강세황(1713~1791년)은 문인이며, 평론가이자 서
화에 능했다. 또한 그는 남종 문인화풍을 정착시켰다. 진경산
수화를 발전시켰고 새로운 서양화 화법 수용에 기여 했으며
특히, 인문화에 능했다. 그는 72세의 나이에 북경 使行(1785년)
을 다녀오기도 했다.

단원 김홍도(1745~1806년)는 중인 집안에서 태어났다. 경기
도 안산에 거주하는 당대 문인화의 대가 표암 강세황의 제자
였다. 20대 초반에 도화서 화원으로 천거되어 영조, 정조대
왕의 어진을 그렸다. 1789년(정조13년) 10월 16일 건륭제 팔순
연과 동지사 축하 사신 정사 이성원은 단원 김홍도를 자신의
군관으로, 이명기를 사행 화사畵師로 데려갔다. 1790년 2월
에 조선에 도착한 서신에는 영조 대왕에게 아뢰기를 '건륭제
가 하사하는 건륭제의 무공武功의 전도戰圖 16폭 그림과 시詩
가 쓰인 16폭을 받았다.'고 보고했다.

조선왕조실록(정조14년 2월 20일)에는 1790년 1월 11일 황제가
원명원에 행차하여 탁자 위에 있는 술을 손수 내려주면서 이
르기를 "올해 내 나이가 여든이므로 만수를 축원하기 위해 여
러나라 사람들이 일찌감치 사람을 파견하여 표문을 올려 축
하를 하니, 나의 마음이 기쁘다. 그래서 특별히 손수 술잔을
내리는 바이다."라고 말했다고 기록되어 있다. 이 기록을 자

세히 보면 황제와의 대화 어디에도 '모질도'에 대한 그림 얘기
는 없다. 그렇다면 누가 그린 그림일까? 추정은 할 수 있으나
확정적인 자료가 부족해서 계속 연구해 볼 가치가 있는 작품
이라고 생각한다.

6. 전서(篆書)에 대한 오류를 보다

2002년 8월 27일부터 같은 해 10월 31일까지 국립중앙박
물관은 '고려·조선시대 대외 교류' 특별전을 개최하고 전시
도목을 만들었다. 박물관에서는 1827년(순조 27년) 및 1852년
(철종 3년) 청나라 황제에게 올린 표문 2건을 전시 도목에 실
었다. 박물관 측은 "이 표문에는 조선국왕과 청 황제의 인장
이 함께 찍혀"라는 결정적 우를 범했다. 이 국새는 1776년(영
조 52년) '한자와 만주어가 모두 전서체이며 지영전으로 제작된
것을 몰랐다'고 인식할 수 있다. 특히, 전서체의 지영전과 만
주어라는 것조차 연구되지 않았던 것이다. 이런 실태가 정확
히 알려진 것은 2006년에 발표한 '문화재 지정 및 관리 실태'
감사에서였다. 감사원은 조선국왕과 청 황제의 옥새가 함께
찍힌 것으로 책자에 실어 1,375개 국·내외 공공기관, 도서
관, 연구기관, 언론계, 학자 등에 배포한 것을 정오표로 만들

어 시정하라고 조치했다.

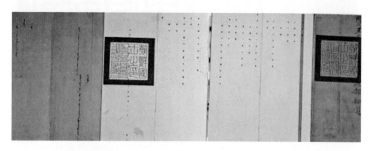

조선이 최초로 자제제작한 국새가 영인된 표문(表文)

7. 조선 왕보의 국새를 추적하다.

조선왕보의 국새는 총 3번 자체 제작되었다. 1393년 4월 제작하여 명나라에서 반사되기 전까지 사용한 조선 최초의 국새가 있었고, 이후 1744년(영조 20년) 12월 24일 강순룡의 왕지를 본 영조가 국가 주요행사에 사용하려고 상방에 명하여 왕지를 모방해서 주조한 것이 있다. 세 번째는 1876년(고종 13년) 12월 고종이 은제도금으로 주조하였으나, 분실되어 전해지지 않고 있다.

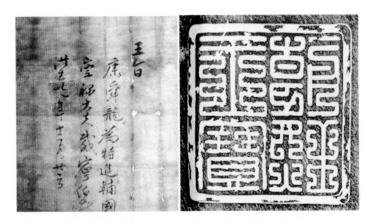

1395년 강순룡에게 내린 왕지(좌측), 왕지를 석각한 탁본이며 인면은 조선왕보『朝鮮王寶』라 구첩전으로 되어있다.

출처: 규장각 소장

8. 국새와 어보 연구에 바라는 마음

"영화는 영화다."라는 말로 영화 '해적'을 표현하고 싶다. 국새는 시대상황에 처한 국가의 품격과 상황을 대변하는 상징물이다. 현재 조선시대의 국새가 날인된 왕지王旨와 홍패, 백패는 국보 또는 보물로 지정하고 있다. 국내에서 국새를 조사·연구한 것은 2005~2006년 감사원의 문화재 관리실태 감사가 시작이라고 할 수 있다. 1985년 (사)전주이씨대동종약원에서 국새와 어보를 정리하였으나 순서에 두서가 없고, 감사원의 감사 이후 근래에 와서야 국새와 어보에 관한 연구

논문이 나오고 있는 실정이다. 국새와 어보 연구에 '보인소의
궤'나 '고궁인존'에만 의존하고 있는 실정이 안타깝다. 국새가
일반인이 쉽게 접하지 못하는 분야라 대중적인 관심을 얻기
는 제한되지만 국가의 상징물에 대한 연구라는 차원에서 더
욱 활발해지기를 바란다.

　중국의 서예 작품과 그림에서 조선의 국새가 인영된 작품
의 수와 수반되는 조사 연구는 전문가들의 분발이 필요하다.
또한 우리 그림에 대해 한국화단에서는 논의조차 되지 않고
있어서 무지한 내가 단초를 제공한다. 모질도耄耋圖는 건륭
제 팔순에 어떤 사정이 있어서 전달하지 못하고, 조선으로 돌
아와 그간 민화로 취급 받은듯하다. 나는 모질도耄耋圖가 단
원 김홍도의 작품이라고 확신한다. 다만 추가적인 연구가 필
요하기에 한국화의 전문가들이 나서야 할 때임을 말해주고
싶다.

명강사 11기 감사위원장 이영선

LIBERTAS

JUSTITIA

VERITAS

| 운동하는 영양사 헬스플래너, 성남 장안초 영양교사, 한국체육대학교 대학원 재학(운동건강관리학), 법무부 산하기관 급식관리위원 |

백세시대! 영양과 운동으로 건강을 책임지는 헬스플래너

〈자격〉 영양교사 1급, 스포츠 영양코치 1급. 녹색 식생활 지도사, 영어 요리 지도사, 영양사. 조리사, 간호조무사 자격증, 명강의 명강사 1급, 스피치 지도사 1급, 리더십 지도사 1급, 평생교육 강사 1급, 노인교육 강사 1급, 인성지도사 1급, 부모교육 상담사 1급, 기업교육강사 1급

〈강의분야〉 아동의 영양관리와 식습관 교육, 중년여성의 영양과 근력강화, 다이어트 식단과 운동 관리, 활기찬 노년을 위한 영양과 운동, 영어와 함께하는 아동요리, 단체급식 멘토링/만족도 향상교육, 자기계발/동기부여/실천교육

M : 010-3909-1964 E : littleyoung2@naver.com

50대, 영양과 근육으로
나를 리셋하라

1. 새장 속에 갇힌 중년 여성의 위기탈출

제법 서늘함이 느껴지는 가을이 왔다. 어제보다 높아진 파란 하늘에 비행기가 남긴 구름 흔적을 바라본다. 나는 어떤 삶의 흔적을 남길 수 있을까? 나는 누구인가? 생각이 깊어졌다. 요즘 내 마음에 감동을 준 고흐의 글과 그림이 있다. '새장 속에 갇힌 새'에 대한 이야기다. 세상 속으로 날아가지 않고 길들여진 행복 속에서 살아가는 모습이 마치 나를 보는 듯 했다. '새장 안은 안전하고 행복해. 이렇게 사는 것이 행복한 인생이야. 세상 밖을 쳐다보지만 않으면 그냥 행복할 수 있어.' 이런 생각이 새장 속의 나를 만들었다. 나머지 50년도 이렇게 살아야 할까? 나는 새장 밖을 보기로 결심했다.

요즘 나의 감정 기복이 심해졌다. 짜증을 내지 않아도 되는

데 감정이 앞서는 일이 잦아졌다. 심지어 짜증을 내는 스스로를 발견하고 당황하기도 한다. 거울 앞에서 일부러 웃음을 지어보지만 눈가에 주름만 잡힐 뿐이다. 문득 스무 살 나의 모습이 떠올랐다. 그때는 중년 여성을 보며 '저 나이가 되면 꿈도 희망도 없을 거야.'라고 생각했었다. 그런데 내가 벌써 그 나이가 되어버렸다. 새로운 무언가를 시작하는 것은 엄두도 내지 못했다. 마치 결말을 알아버린 드라마처럼 내 삶이 시들해졌다. 50대가 된 나는 뜨거운 여름을 견뎌왔지만 열매를 맺지 못하는 나무처럼 초라하다는 느낌이 들었다. 스무 살 그때, 오십대 중년을 보며 새로운 무언가를 시도하기에는 너무 늦은 나이라고 생각했기 때문일까?

우리는 천년거목처럼 살아가는 삶의 지혜를 배워야 한다. 나무에게는 두 번의 삶이 있다. 첫 번째 삶은 나무 자체의 삶이고, 두 번째는 목재로 사용되는 삶이다. 고구려시대의 승려 담징이 그린 벽화로 유명한 '법륭사'는 세계에서 가장 오래된 목조 건축물이다. 나무로는 2,000년쯤 살고, 다시 목재로 1,300년을 더 살았다고 하니 총 3,300년이 되는 것이다. 하지만 두 번째의 삶조차 나무의 향기와 가치가 여전히 살아 남아있다고 한다. 물론 이런 거목이 되기 위해서는 완전경쟁의 원시림에서 어려움과 풍파를 이겨내는 과정이 있어야 한다. 또한, 새로운 목재로서 1,000년을 더 살기 위해서는 나무를 건조시키며 내부 수분을 완전히 빼는데 50년이 걸린다. 이것이 제2의 훌륭한 목재로 되기 위한 필수과정이다.

우리 인생도 마찬가지다. 50대를 맞이한 사람들은 두 번째 삶을 준비해야 한다. 백 세 인생의 2모작을 철저히 준비해야 하는 것이다. 제2의 인생을 준비한다는 것은 선택이 아니라 필수가 되었다.

50대는 감정의 흐름에 자연스럽게 적응할 수 있는 나이다. 나와 전혀 다른 사람과의 관계도 '그냥 그럴 수 있지'라며 넘어갈 수 있는 연륜이 있다. 조금은 흔들려도 자신을 질책하기보다는 용서할 수 있는 나이다. 떠나가는 사랑과 지켜야 하는 사랑을 구분하고 받아들일 수 있는 나이다. 그러다가 심한 우울감에 빠져도 오랜만에 다시 만난 친구처럼 익숙해질 수도 있다. 나는 다가오는 질병과 죽음도 우리가 살아가는 삶의 일부분이라는 것을 알게 되었다. 꽃무늬 망사커튼 사이로 비추어진 따뜻한 햇볕과 음악, 책만으로도 행복해질 수 있다는 것을 깨달았다. 나를 아는 순간 나는 생각의 혁신을 가하게 되었다. 나는 50대에 새로운 도전을 시작하기로 했다.

평생 허약 체질이었던 나는 2년 전부터 근육운동에 빠졌다. 달라진 점은 나의 몸에 관심을 가지고 나를 사랑하기 시작했다는 것이다. 물론 처음에는 힘들었다. '내가 이렇게 운동하는 것이 무슨 의미가 있을까?'라고 생각하기도 했다. 하지만 나는 달라지고 있음을 느꼈다. 신체뿐만이 아니라 마음도 활력을 느끼면서 삶의 질이 달라졌다. 나의 꿈과 나이에 대해 다시 생각했다. 그리고 세상 속으로 나아갈 용기를 가졌다. 다행히 감사한 것은 내겐 아직 인생의 절반이 남아있다는 것이다. 50살은 백 세 시대의 인생 중간 나이인 것이다. 하지만 마무리가 아니라 시작이다. 그래서 나는 대본 없는 인생을 살기로 했다. 아니 정해진 대본이 아니라 내가 직접 쓰는 새로운 대본을 쓰기로 했다. 그리고 이제 그 이야기를 하려고 한다.

2. 정해진 대본처럼 살지 말고 도전하라

"병원에서 완치될 수 없다며 근육이라도 키워보라고 해서 헬스장 개인레슨에 등록했어요. 아파서 '악' 소리를 지르며 버텼는데 신기하게도 석 달을 해보니 통증이 사라졌어요.", "여러분도 할 수 있다는 것을 보여주기 위해 보디빌더 대회에 나오게 되었어요."

얼마 전 피트니스 대회에서 2위로 입상한 명품몸매 75세

임종소 할머니의 인터뷰 내용이다. 할머니가 운동을 시작한 이유는 척추관 협착증 때문이었다. 통증을 줄이기 위해 근육을 키워야 한다는 의사의 권유로 운동을 시작했다. 처음 근육운동을 했을 때는 오른쪽 다리가 아파서 눈물을 흘릴 정도였다고 한다. 이 모든 과정을 이겨내고 피트니스대회에 출전해서 당당하게 2위로 입상했다. 지금은 시니어 모델을 준비 중이다. 나이에 연연하지 않고 새로운 일에 도전하는 임종소 할머니를 보며 강한 동기부여를 받았다. 지난날 나이를 핑계로 도전을 회피했던 내 모습이 부끄러웠다. 그래서 나는 앞으로 남은 내 인생을 도전하며 살기로 했다.

나는 25년째 영양교사로 학교에서 근무하고 있다. 비교적 안정적인 근무조건이다. 하지만 나는 내가 변화하지 않으면 세상이 나를 변화시킨다고 생각했다. 그래서 늘 깨어있으면서 창의적이고 새로운 시도를 하면서 나의 가치를 높이기 위해 끊임없이 도전하며 살아왔다.

나의 어릴 적 꿈은 영어선생님이 되는 것이었다. 그런데 난 초등학교 영양교사가 되었다. 나의 꿈을 포기할 수 없어서 영어를 잘하는 영양교사가 되기로 꿈을 수정했다. 나는 영어영문학과를 졸업하고 영어요리 지도사 자격증을 취득했다. 그리고 영어선생님과 영어요리를 결합하는 방식으로 수업을 진행했다. 내가 재미있으면 자연스럽게 학생도 공부에 흥미를 느끼고, 학부모의 만족도 높아진다. 요리를 하면서 자연스럽게 말하는 영어 대화로 학생들의 이해와 몰입 정도를 높여 주었다. 요리라는 매개체로 생활 영어 능력과 음식 문화를 연계하여 글로벌 문화교육이 탄생된 것이다. 그 결과 대한영양사협회가 주최한 '학교 영양, 식생활 교육 우수사례 공모전'에 입상하여 직무연수 강연 및 각종 언론에 알려지기도 했다.

나는 새로운 것에 도전할 때 내 안에 있는 수많은 갈등과 유혹에 시달리기도 한다. 도전은 바뀌는 것에 대한 심리적 두려움의 상태이다. 시골의사 박경철의 『자기혁명』에 보면 "중요한 것은 좋은 습관을 만들려는 노력보다는 나쁜 습관을 버리려는 의지요, 노력이다. 우리는 먼 길을 가는 여행자다. 나쁜 습관은 빙의된 귀신처럼 우리 몸에 붙어 있다. 이것을 하나씩 떼어내야 그 자리에 좋은 습관을 새길 수 있다." 라는 구절이 있다. 나는 이 말을 항상 기억하며 나쁜 습관을 지우고 그 자리에 끊임없이 도전하는 좋은 습관을 만들었다. 그리고 매일의 치밀한 계획과 실천이 중요하다는 것을 깨달았다.

한없이 게을러지는 나의 습성을 잘 알기에 어떤 것을 시도할 때 '하지 말고 편안하게 살까'하는 고민을 수없이 하기도 한다. 하지만 언제부터인가 '할까? 하지 말까?'라는 고민은 무조건하기로 마음먹었다. 실천 가치가 있다고 생각하는 것은 고민하는 시간에 그냥 행동하는 것이 낫다고 생각했기 때문이다. 예를 들면 퇴근해서 운동을 갈까 말까 고민할 시간에 그냥 신발을 신고 나가는 것이다. 그리고 최단시간에 집중하는 것이다.

같은 업무를 1년씩 10년을 하면 그 경력은 1년이 된다. 하지만 조금씩 성장하는 업무를 하면서 10년동안 한다면 그것은 10년의 경력이 된다. 이 원리를 내가 하는 일에 적용하면 단순 반복 업무가 아니라 창의적인 것들에 대한 도전이 될 것이다.

나의 첫 번째 도전은 내가 가장 잘할 수 있는 급식 분야다. 학교급식은 학생들의 영양과 건강을 책임지는 중요한 일이다. 하지만 식단 작성뿐만 아니라 위생관리, 식재료 구입, 인력 관리, 영양교육, 예산 관리 등 분주한 업무에 시간을 보내고 있었다. 내 인생을 소모하는 것 같아서 안타까웠다. 그러던 중 경기도 친환경 학교급식 레시피 오디션 대회를 개최한다는 공문을 보았다. 영양교사, 교직원, 학생 1팀을 만들어서 친환경재료를 사용하여 창의적 식단을 공모하고 평가받는 것이다. 중·석식까지 하는 열악한 고등학교에서 근무하면서 요리전공을 희망하는 학생, 조리사님과 함께 오디션을 준비

했다. 결국 우리 팀은 동상을 수상하여 일본 해외연수의 기회를 받았다. 나는 이번 경연대회를 통해 힘들어도 의지를 가지고 도전하면 나도 해낼 수 있다는 자신감을 가지게 되었다.

　나는 급식 레시피 오디션대회에서 자신감으로 새로운 도전을 하게 되었다. 우연히 산업통상자원부와 전자부품연구원에서 주최하는 가상현실VR을 이용한 콘텐츠 아이디어 공모전에 대한 포스터를 봤다. 나와 상관없는 일이라고 무시하고 싶었다. 기간도 한 달 밖에 남지 않았다. 그러나 평소 가상현실은 차세대 교육매체라고 생각했고, 콘텐츠, 아이디어라는 매력적인 단어에 다시 공모전을 준비했다. 일반인을 대상인 BMBusiness Model 공모전이지만, 최대한 집중력을 발휘하여 구글 설문조사, 관련자료 수집과 가상현실 시스템에 대한 공부를 했다. 결국 육아의 어려움을 가상현실을 통해 훈련하는 서비스를 출품했다. 이 아이디어는 가상현실을 통한 유아보육 훈련서비스 서버 구축으로 특허출원 중이다. 어린 대학생들과 치열한 경쟁하여 수상을 하니 미안하기도 했지만 20대부터 소망하던 '특허취득'이라는 나의 꿈에 다가가게 되었다.
　새로운 것을 시도할 때 내가 '아무것도 아닌 먼지 같은 존재'라는 자괴감에 빠지기도 하고 나와의 수많은 갈등을 하기도 한다. 하지만 집중하면서 포기하지 않고 꾸준히 도전하면

성과를 이루게 된다.

"60세쯤 되면 철이 들고 내가 나를 믿게 된다. 이때부터 인생의 행복한 시기가 시작된다. 나는 60~75세가 가장 행복한 시기였으며 75살까지는 지속 성장하는 것도 가능하고 노력 여하에 따라 본인의 성취를 유지할 수도 있다. 다만 계속 성장하기 위해서는 계속 일하고 책을 많이 읽어야 한다."

올해 100세를 맞이하는 김형석 교수의 말이다. 나는 인생의 노른자인 예순도 되지 않았다. 그리고 난 늘 갈증하고 결핍을 느낀다. 어제와 다른 나로 조금씩 성장하기를 원한다. 그래서 꾸준히 책을 읽고 토론하며 공부와 일을 병행하고 있다. 다른 사람에게 긍정적인 영향을 미치는 삶, 베푸는 삶을 살아갈 것이다. 나는 다른 사람이 써놓은 대본에 따라 사는 연기자가 아니라 내 삶의 주인공으로 살아갈 것이다. 내나이가 꿈을 이루기에 충분한 나이이기 때문이다. 나의 도전과 열정의 샘은 마르지 않았다. 끊임없이 샘솟고 있다.

3. 영양과 근육, 나는 헬스플래너다

나는 영양수업시간에 학생들에게 묻곤 한다. "입이 좋아하는 음식과 몸이 좋아하는 음식은 같을까요? 그럼 영양사선생님은 어떤 음식으로 식단을 짜야 할까요?"

그 질문에 학생들은 이렇게 대답한다. "입과 몸이 좋아하는 음식은 달라요. 하지만 우리 몸에 좋은 음식으로 급식을 만들어주세요."

초등학생도 입이 좋아하는 맛있는 음식보다는 건강한 음식을 먹어야 한다고 대답한다. 하지만 학생들은 육류와 인스턴트 음식에 점점 길들여지고 있다. 그래서 영양사들은 건강한 식단과 학생들이 좋아하는 식단 사이에서 고민한다. 내가 먹는 몸이 곧 나의 몸이 된다. 아침엔 출근하기 위해 대충 먹고, 점심엔 급식이나 외식을 하고, 퇴근해서는 달콤하고 기름진 음식으로 지친 몸을 위로한다. 몸이 아닌 입맛을 만족시키는 음식을 섭취하는 것이다. 음식섭취는 자연의 에너지를 섭취하는 과정이다. 사람도 자연의 일부분이다. 그러므로 자연에 가까운 친환경 제철 식품을 단순하게 조리하여 섭취해야 한다.

그런데 사람들은 식품첨가물이 들어있는 가공식품이나 육

식, 튀김음식, 단 음식 등을 좋아한다. 게다가 튀김음식에 사용하는 식용유는 맑고 깨끗하게 만들기 위해 여러 가지 화학적 단계를 거친다. 동물성 단백질과 지방을 제한하고 통 곡식, 채소와 과일 등을 충분히 섭취해야 한다. 자연에 가까운 식품을 섭취하여 자연 미각을 유지해야 한다.

　하지만 바쁜 현대인들은 급격한 사회변화에 적응하고 살려면 피로를 느낄 시간조차 없다. 피로감을 견디기 위해 출근하면서 커피 한 잔, 점심 먹고 커피 한 잔, 회의하면서 커피한 잔. 커피로 각성하면서 살고 있다. 우리나라의 커피소비는세계 소비 3위이며 1인당 소비는 세계평균의 3배 이상을 마신다. 링겔에 영양제를 맞듯이 커피 각성제로 피로를 견디고있을 정도다. 만성피로나 스트레스는 영양불균형과 운동부족을 초래한다. 영양과 건강에 대한 적신호는 중년뿐만 아니라20대부터 나타나고 있다. 모든 질병치료는 식생활을 바꾸어신체의 대사과정을 회복하고 안정화시키는 것부터 시작된다.나는 급식 업무를 하면서 식단 제공은 에너지 섭취만 다루는것인데 에너지 소비인 운동의 역할에 대해 궁금해지기 시작했다. 그래서 새로운 도전을 하기로 했다. 바로 영양과 운동을 분석하는 것이다.

'먹는 것만으로 건강해 질 수 있을까?'라는 의문은 항상 있었다. 그러던 중 아이가 대학에 들어가고 나의 짐을 조금 내려놓을 수 있는 나이가 되었다. 온전히 나를 위해 쓸 수 있는 시간이 많아졌다. 하지만 나이가 들어감에 따라 나의 체력은 서서히 바닥나기 시작했다. 난 아직 하고 싶은 것이 많은데 너무 억울했다. 내가 원하는 것들을 하려면 운동부터 시작해야 했다. 나는 평생 허약한 체질로 살아왔다. 그런데 2년 전부터 피트니스 센터에서 개인 PT를 받으면서 눈에 띄게 건강해지기 시작했다. 운동을 열심히 하면서 근육이 생겼고, 기초대사량이 증가했다. 퇴근하면 소파에 쓰러져 있던 내가 놀라울 정도로 피로 회복력이 생겼다. 건강한 체력뿐만 아니라 삶의 자신감도 생겼다. 운동의 중요성을 체험하면서 영양과 운동의 원리에 대해 더욱 많이 연구하게 되었다.

일본에서 가장 많이 걷는 곳으로 알려진 아이치현 주민들을 대상으로 걷기운동이 노화예방에 얼마나 도움이 되는지 연구를 한 사례가 있다. 그런데 결과는 예상 밖이었다. 6년 동안 걷기 운동을 열심히 했어도 악력 11%, 등 근력 25%, 수직뛰기 20%. 심폐기능 12%가 저하된 것으로 나타났다. 열심히 걷는 것만으로 건강을 지킬 수 없다는 것이다. 그래서 일본에서는 근력 강화 운동 붐이 일어났다. 지역사회에서도 근력강화 운동 프로그램이 펼쳐지고 열심히 참여했다. 그 결과 75~79세의 근력과 보행속도는 10년 전의 나이와 거의 비슷해졌다. 일본은 근력강화운동 후 10년은 더 젊어진 나라가 된 것이다.

　나이가 들어서 생기는 질병은 대부분 줄어든 근육에서 발생한다. 100세 시대는 오래 사는 것이 문제가 아니라 건강하게 사는 것이 문제다. 1984년 WHO(세계보건기구)는 노인들의 건강 상태는 질병 여부의 문제가 아니라 일상생활에서 정상적인 활동을 평가하는 것이라고 말했다. 나이가 들면 대사기능이 떨어져 몸에 축적된 지방이나 탄수화물이 에너지로 충분히 사용되지 못한다. 근본 원인은 근육의 감소이다. 열량 소비의 40%는 근육에 의한 것이며 3개월간 꾸준히 트레이닝을 하면 기초대사율이 5~7% 정도 증가한다. 가만히 있어도 100~150Kcal가 소비되는 것이다. 근육증가는 자동차의 배기량이 증가하는 것과 같다. 경차에서 안전하고 멋진 중형차가 되는 것이다. 중형세단처럼 외형이 근사해질 뿐만 아니라 노화나 질병으로부터 안전하고 단단해지는 것이다.

　잭 레내Jack Lannae는 "운동은 왕이고, 영양은 여왕이므로 둘이 만나면 왕국을 이룬다." 라고 말했다.

영양과 운동으로 리셋한 나의 모습

　건강한 몸과 마음을 유지하기 위해서는 음식섭취와 운동을 병행해야 한다. 둘은 뗄 수 없는 관계이다. 나는 영양사로서 지금까지 어떤 것을 섭취할까 고민했다. 지금부터는 그것을 올바르게 먹고 어떻게 소비할지의 문제를 공부해보려고 한다. 그래서 2019년부터 체육 전공 선생님과 스포츠 영양학 스터디를 하면서 근육과 영양의 관계에 대해 공부하기 시작했다. 근육이 잘 생기기 위해서는 어떤 영양소를 언제 어떻게 먹어야 하는지에 대한 공부이다. 노화가 진행할수록 유산소운동과 더불어 근육강화운동의 필요하기 때문이다. 그래서 나는 2020년 한국체육대학교 대학원에 진학해서 운동영양학을 좀 더 체계적으로 공부하고자 준비하고 있다.

어제와 같은 오늘, 오늘과 같은 내일처럼 똑같은 존재로 살고 싶지 않다. 내가 조금씩 성장하고 있음을 느끼고 싶다. 그래서 제2의 꿈을 위해 노력하고 있다. 50이라는 나이는 인생 2막의 시작점이다. 사실 이 시기에 조금만 나태해지면 뚱뚱하고 고집 센 아줌마처럼 되어버리기 쉽다. 호르몬의 불균형으로 몸과 마음이 약해지기 쉬운 시기이다. 그래서 몸 근육, 마음 근육, 뇌 근육에 관심을 가져야 한다. 물론 마음이나 뇌가 근육처럼 생긴 것은 아니지만, 근육처럼 강화될 수 있다. 삶의 경험이라는 토대 위에 단단해지기가 그리 어려운 것은 아니다. 나는 영양과 운동의 전문가로서 과학적인 근거를 바탕으로 개개인의 건강을 책임지는 헬스 플래너가 되고 싶다.

4. 다시 꿈꾸는 50대가 아름답다

"행복한 천재들은 좋아하는 것이 많다."

행복한 천재들은 좋아하는 것들이 많은 사람들이다. 또한 자신이 좋아하는 게 무엇인지 명확하게 알고 있다. 좋아하는 것이 분명히 많으면, 마음속에 '관심'이 가득해진다. 그러나 싫어하는 것이 분명히 많으면, 마음속에 '근심'이 가득해진다. 싫어하는 일들, 싫어하는 장소들을 피해야 하기 때문이다. 이 이론은 '서울대학교 행복연구센터'의 연구결과이다.

나는 어릴 적에는 행복천재가 아니었다. 싫고 좋아하는 것이 분명했다. 불편한 것들을 피해 다니는 마르고 허약한 아이였다. 스무 살부터는 예민한 사람들이 걸리는 위염, 장염, 수면장애, 여성 질환을 다 겪고 살았다. 건강하려면 '몸이 우선인가? 마음이 우선인가?'라는 의문이 들기 시작했다. 이런 의문과 선택은 늘 나의 화두였다. 아무리 고민해도, 몸과 마음은 무엇이 우선인지 선택하기 어렵다. 상호 밀접한 관계에 있다는 사실 때문에 하나만 선택하기 어려운 것이다. 행복하고 감사한 마음과 건강한 음식을 먹어야 내 몸에 건강한 에너지가 스며드는 것이다. 그래서 나는 몸과 마음을 공부해서 내가 소망한 것들을 이루기 위한 행복천재가 되는 길을 선택했다.

별똥별이 떨어질 때 소원을 빌면 이루어진다는 말이 있다. 소원이 이루어지는 이유는 별똥별을 보는 행운 때문이 아니라, 찰나의 시간에 바랄 수 있는 구체적인 꿈이 있기 때문이다.

나는 나의 꿈을 위해 거울을 자주 본다. 지금은 나조차 낯선 50대, 중년의 아줌마 모습이다. 다시 내 미래의 모습을 바라본다. 거울 속의 나는 혈기보다는 아우라가 느껴지는 모습이다. 더 이상 젊지는 않지만 근사하게 늙어갈 것이다. 근사하게 늙어간다는 것은 그동안 살아온 열정과 노력이 곧 나의 이미지화가 된다는 것이다. 염색하지 않은 은발머리에 보라색으로 코팅한 보브스타일, 건강의 상징인 꼿꼿한 허리, 탄력적인 근육의 몸매, 주름은 있지만 건강한 혈색, 청바지에 면 티셔츠도 잘 어울리는 모습이다. 난 나이 50이지만 운동하는 영양사로서 다른 사람들과 함께 건강하고 열정적인 삶을 나누는 헬스플래너의 꿈을 꾸고 있다. 꾸준히 성장해서 세상 사람들과 많은 이야기를 나눌 것이다.

빛이 나무의 색깔을 보여주듯 나도 희망을 보여주는 빛이고 싶다

"표현하려는 욕구는 우리 내면에 깊이 내재되어 있다. 뭔가를 관둔다는 것은 그것을 거부한다는 뜻이 아니다. 다른 곳을 보고 싶다는 의미로 볼 수 있다."

이것은 내게 감동을 주었던 영국의 팝아트 화가 호크니의 스토리텔링이다. 난 세상에 하고픈 말이 많다. 50세는 백세 시대의 인생중간에 서 있는 나이다. 하지만 마무리가 아니라 시작이다. 인생의 후반전이 시작되는 때라고 할 수 있다. 나는 내가 얼마나 성장하게 될지 정확히 모른다. 하지만 나는 아직도 꿈을 꾸고 매일 꾸준히 성장하고 있다. 나는 세상 속에서 나를 표현하고 도전하고 실패하고 또 다시 도전할 것이다. 이제는 나의 몸과 마음을 알고 사랑하고 싶다. 다른 사람들도 자신의 몸과 마음을 알고 사랑했으면 좋겠다. 제2의 인생을 운동하는 영양사 헬스플래너로 다시 시작하고 싶다. 생물학자 최재천 박사님은 "알면 사랑한다."라고 말했다. 나는 나의 꿈을 그 누구보다도 응원하고 사랑한다.

명강사 11기 수석부회장 신영호

| 고려대학교 교육학석사, 코멘아카데미 원장, 청년미래비전연구소
소장, 인생교육전문가, 태극권지도자 |

〈자격〉 명강의 명강사 1급, 인성지도사 1급, 리더십지도사 1급 , 스피치지도사 1급,
부모교육상담사 1급, 기업교육강사 1급, 평생교육강사 1급, 노인교육강사
1급 , 자연건강강사 2급, 태극권지도자, 공인중개사

〈강의분야〉 청소년 인성 및 입시전략교육, 청년미래비전교육, 역량강화 및 리더
십교육, 리스타트교육, 인생디자인교육, 좋은부모 / 행복한부부교육,
좋은학교 좋은정책교육, 자연건강수련교육

M : 010-2088-0952 E : ccomoclub@naver.com
B: blog.naver.com/ccomoclub

꿈을 심었느냐,
그러면 열정을 부어라

1. 무엇이 우리를 힘들게 하나, 동수야! 기죽지 마라

 동수야, 네가 처음 내게 왔을 때가 중3이었다. 그때 너는
천방지축이었다. 그저 밝기만 한 아이였지. 고등학교 진학을
앞두고 너는 조금 진지해졌다. 그 진지함 속에서도 너의 천성
인 밝음은 늘 빛났지. 너는 유달리 여자애들을 좋아하고 인기
가 많았다. 너는 여자친구가 바뀔 때마다 내게 자랑하곤 했
지. 공부하라며 잔소리라도 할라치면 너는 늘 하고 있다고 말
하곤 했다. 너는 고등학교 3학년이 되면서부터 달라지기 시
작했다. 그때까지만 해도 늘 밝던 얼굴에 수심이 쌓여갔다.
불안해하고 초조해했다. 얼굴에 그늘이 졌지. 그동안 대학입
시엔 아무런 관심이 없다가 막상 너 자신의 일이 되고 보니
겁이 덜컥 났던 게지. 너의 얼굴에 드리운 그늘은 점점 짙어
져만 갔다. 뒤늦게야 정신을 차렸을 땐 너를 제외한 모두가

저만치 앞서가고 있었지. 결국 너는 남들이 말하는 삼류대학에 갈 수밖에 없었다.

"기죽지 마라. 지금부터 헤쳐 나가면 돼. 한 단계씩 올라가는 거야."

"……."

"아직 끝난 게 아니야. 가는 길은 여러 가지가 있어. 문제는 너의 의지야."

너는 그때부터 편입을 준비했다. 뒤늦게야 눈을 뜬 것이다. 노력한 결과 너는 서울에 위치한 대학교에 입학할 수 있었다. 그 후 너는 또 유학준비를 했다. 영국으로 유학을 간 날, 네가 카톡으로 보낸 노을 사진은 내 가슴을 뭉클하게 만들었다. 동수야, 너는 유학을 마치고 돌아와 학교를 졸업하고도 쉽게 직장을 구하지 못했다. 고뇌하던 너의 모습이 눈에 선하구나. 나는 그런 너에게 말했다.

"너무 큰 곳만 바라보지 마라. 작은 곳에 가서 네가 그걸 크게 키우면 되지."

어느 날 너는 취직을 했다. 어디로 취직했느냐는 물음에 너는 작은 외국계 회사라고 대답하며 멋쩍어했다. 내가 너의 어깨를 두드려 주자 너는 말했다.

"제가 크게 키우겠습니다."

그날 부딪힌 소주잔은 미래를 향한 종소리 같았다.

그러던 어느 날 너는 결혼을 한다며 청첩장을 가져왔었다. 그때 나는 네 결혼식에 못 갔었지. 집안 조카의 결혼식과 맞물려서 말이다. 너는 괜찮다고 말했다. 내색은 하지 않았지만 사실 조금 서운했을 거다. 얼마 후 네가 찾아왔을 때에야 비로소 축하의 잔을 들었다. 동수야, 너의 끝없던 도전의 시간을 너희 후배들에게 전하고 싶구나. 네가 겪은 많은 시행착오를 후배들은 겪지 않았으면 하는 바람으로 말이다. 무엇이 우리를 힘들게 하는지 알아야 미래를 대비할 수 있을 것이다. 동수야, 그동안 수고 많았다. 그러나 이제 또 다른 출발을 한 것뿐이란 걸 알아야 한다. 이제야 연극에서의 1막이 끝났을 뿐이다. 이제 또 새로운 막이 열리겠지. 나는 믿는다. 너의 그 의지라면 못할 것이 없을 것이다. 또 보자.

이것은 제자의 이야기를 편지 형태로 쓴 글이다. 10대에 꿈이 없고 도전정신이 없으면 힘들어진다. 기죽지 않고 살아가기 위해선 한 가지만 생각하면 된다. 바로 '꿈'이다. 꿈을 갖고 그 꿈을 위해 열정적으로 사는 것이 행복한 삶이다.

2. 10대 꿈이 인생의 지표가 된다

　나는 35년 동안 아이들을 지도했다. 아이들에게 다음과 같은 질문을 자주 하곤 했다. 너는 꿈이 뭐지? 뭐가 되고 싶어? 어떤 일을 하고 싶니? 관심 있는 분야는 뭐야? 이런 질문들에 제대로 답하는 학생은 거의 없었다. 이 얘기는 아이들에게 꿈이 없다는 것이다. 그저 무턱대고 살고 있는 것이다. 공부도 마찬가지다. 그저 어른들이 하라고 하니 하는 것이다. 놀랍겠지만 대부분의 아이들은 삶의 목표가 없다. 목표가 없으니 열정도 없는 것이다. 목표의 설정이 필요하다. 10대에 세운 목표는 인생의 지표가 된다. 그래서 꿈을 갖는 일부터 시작해야 한다. 10대에 해야 할 가장 중요한 일이 바로 이것이다.

　방탄소년단이 세계를 흔들고 있다. 그들은 세계적인 반열에 올랐다. 그들의 노래와 춤은 세계 모든 젊은이들의 가슴에 꿈을 심어주고 있다. 꿈을 갖고 그 꿈을 위해 노력하면 세계를 놀라게 할 수 있다는 것을 보여주고 있는 것이다. 그들의 꿈이 땀으로 승화해 세계를 뜨겁게 달구고 있는 것이다. 10대에 해야 할 일은 많다. 그러나 제일 먼저 해야 할 일은 꿈을 갖는 것이다. 꿈이 있다는 것은 목표가 있다는 것이다. 목표는 열정을 부르고 행동하게 만든다. 결국 꿈을 가진 이는 자신의 인생을 능동적으로 살 수 있다.

여기 두 척의 배가 있다. 하나는 속도도 빠르고 외관도 멋진 쾌속정이고 다른 하나는 볼품없는 초라한 통통배다. 두 척의 배는 항구를 떠나 바다로 향했다. 멀리 떨어진 다른 항구에서 두 배를 기다리고 있었다. 저녁 늦게 도착한 배는 쾌속정이 아닌 통통배였다. 쾌속정은 이튿날 아침이 되어도 돌아오지 않았다. 이 이야기는 목표의 중요성을 잘 보여주고 있다. 아무리 빠른 쾌속정도 목표를 잃으면 표류할 수밖에 없다. 보잘 것 없는 통통배도 목표를 향해 꾸준히 달리면 언젠가는 그 목표에 도달하기 마련이다.

막연한 꿈보다는 구체적인 꿈을 갖는 것이 중요하다. 먼저 자신이 무엇을 좋아하는지를 생각해봐야 한다. 내가 흥미를 느끼는 일을 노트에 하나씩 적어보자. 내가 재미있게 여기는 일을 찾는 것이 무엇보다 중요하다. 좋아하는 일을 할 때 열정은 절로 나오는 법이다. 열정은 게으름도 이기는 법이다. 그것이 나의 꿈을 이루는 과정이기 때문이다. 게오르크 빌헬름은 "이 세상에서 열정 없이 이루어진 위대한 것은 없다."라고 말했다. 열정 있는 삶이 하나둘 모여 좋은 세상을 만들어 가는 것이다.

그 다음에는 그것들이 '내 인생을 걸어도 좋을 만큼 가치 있는 일인가?'하고 자문해보아야 한다. 만일 그렇지 않다고 생각되는 것은 지워라. 그런 것은 나의 꿈이 되기엔 가치가 없는 것들이다. 그리고 마지막으로 10년 혹은 20년 뒤에도 지속 가능한 일인지를 생각해 보아야 한다. 그렇지 않은 일은 하나씩 지워라. 지우고 지워서 결국 마지막 한 가지 일을 남겨라. 그리고 그것에 대해 깊이 있게 생각해 보라. 이것이 진정 내가 해야 할 일인가? 그 생각을 할 때 가슴이 뛴다면 그것이 곧 너의 꿈일 것이다. 그리고 그 꿈을 위해 달려라. 꿈을 위한 노력이 없다면 그건 꿈이 아니다. 촌음을 아껴 그 성취를 위해 노력하라. 그것이 어떤 일이든 간에 말이다.

10대들아, 책을 펼쳐라. 꿈을 찾는 가장 좋은 도구는 책이다. 책 속에 길이 있다는 말은 그런 의미다. 에디슨은 "책을 읽는다는 것은 많은 경우에 자신의 미래를 만드는 것과 같은 것이다."라고 했다. 결국 책을 통해 자신의 미래를 설계할 수 있다는 뜻이다. 미래를 설계한다는 것은 꿈을 설계한다는 것이다. 광화문 교보문고 입구에는 커다란 바위가 세 개 놓여 있다. 그 바위에는 이런 글귀가 적혀 있다.

'사람은 책을 만들고 책은 사람을 만든다.'

교보문고를 처음 열었던 고故 신용호 회장의 말이다. 책 속에는 없는 것이 없다. 존경하는 위인도 있고 천체와 우주도 있고 공룡과 피라미드도 있다. 역사도 있고 지구의 구조와 인간의 구조도 알 수 있다. 인간의 정신과 영혼의 존재도 알 수 있다. 동물과 식물뿐만 아니라 광물의 존재도 알 수 있다. 궁금한 것은 책 속에 다 있는 것이다. 물론 수학과 문학도 있다. 그 속에 나의 꿈도 있는 것이다. 책을 읽으면 철학을 이해할 수 있고, 삶의 지혜를 배울 수 있다. 나의 호기심을 해결해 줄 수 있는 매체도 책이다. 지금 꿈이 없다면 당장 책을 펼쳐라. 너의 꿈이 보일 것이다.

내가 가르친 아이들 중에 기억에 남는 아이들이 있다.

첫 번째 아이는 여자아이였다. 그 아이는 당시 중3이었는데, 공부에 아예 흥미를 잃고 학원에서도 공부를 하지 않았다. 공부에 대한 의욕이 전혀 없었다. 상담을 해보니 자기는 그림을 그리고 싶다고 했다. 오랜 상담 끝에 그림공부를 하러 미술학원을 가도록 했다. 선배들이 많이 가는 학원도 소개해줬다. 아버지에게 미술학원에 가겠다고 잘 말씀드리고 승낙을 받으라고 했다. 그날 저녁에 술에 취한 낯선 남자가 학원에 들어와 고함을 치고 난동을 부렸다. 그 여자아이의 아버지였다.

"원장이 아이들 공부 잘 가르친다고 해 공부하라고 학원엘 보냈더니, 미술학원 가라고? 아이를 학교도 아닌 학원에서 퇴학을 시켜?"

난리가 났다. 자초지종을 말씀드렸지만 쉬이 화가 풀리지 않는 모양이었다. 겨우겨우 술 깨시고 낮에 한번 다시 들리시라고 다독여서 보냈다. 두어 달이 지나 이 아버님이 양주를 한 병 사들고 학원에 오셨다. 기분이 매우 좋아 보였다. 나더러 연신 감사하단다.

"역시 소문대로 훌륭한 원장님이십니다. 아이의 재능을 잘 봐 줘서 정말 감사합니다."

그는 내게 고맙다는 말을 연거푸 했다. 아이가 미술대회에서 큰 상을 받았단다.

두 번째 아이는 남자아이 이야기다. 이 아이는 가정에 조금의 문제가 있는 아이였다. 어머니가 와서 입학상담을 할 때 자신은 남들이 말하는 계모라고 했다. 새 가정을 꾸린지 얼마 되지 않는다고 했다. 아이를 보고 너무 놀라고 가슴이 아프다고 했다. 아직 자기에 대한 반감이 커서 반항만 한다는 것이었다. 또래들과 싸움도 잦다고 한다. 아이를 잘 부탁한다며 내게 당부했다. 그 어머니로부터 작은 감동을 받았다. 당시 그 아이는 중학교 2학년이었지만 기초가 전혀 없는 초등학교 3~4학년 정도의 학습능력을 갖고 있었다. 난감했다. 고민을 많이 했다. 아이와 지속적인 상담을 했다. 무엇을 잘하느냐의 나의 물음에 아이는 운동하는 걸 좋아한다고 했다. 그제야 나는 합기도 관장을 하는 후배가 떠올랐다. 나는 아이를 그에게 보냈다. 그러던 어느 날 후배로부터 전화가 왔다. 그 아이가 부산시 합기도 대회에서 우승을 했다는 소식이었다. 그 아이는 내게 고맙다는 인사를 하기 위해 학원에 찾아왔다. 상대방과 시선도 잘 마주치지 못하던 아이였는데, 그새 눈빛도 또렷하고 아주 듬직해져 있었다. 자신감도 있고 신나 보였다.

세 번째 아이는 고등학교 2학년 여학생이었다. 고등학교 2학년 겨울방학 때 아버지와 함께 나를 찾아왔다. 아주 예쁘고 명랑한 성격이었다. 그 아이는 내게 대뜸 "저 변호사가 되고 싶어요."라고 했다. 하지만 성적을 보니 아주 형편없었다. 거의 꼴찌 수준이었다. 나는 아이의 아버지에게 재수를 목표로 공부하자고 했다. 그러자 좋다고 하신다. 중학교 2학년 수준도 안 되는 실력이다. 아주 기초적인 것부터 시작해야 했다. 그런데 가르칠수록 놀라운 일이 벌어졌다. 일취월장이라는 말이 딱 어울리는 아이였다. 아이는 중학과정을 두 달이 채 안 되어 마쳤다. 정말 죽어라고 공부했고, 학교 성적은 꾸준히 상향되었다. 상위 10%까지 상승했다. 예정대로 법대를 지원했다. 떨어질 것이지만 최선을 다하자고 했다. 지원 결과, 합격이었다. 아이는 법대를 졸업하고 곧바로 로스쿨로 진학했다.

꿈은 이토록 우리로 하여금 열정을 갖게 한다. 꿈이 있는 한 삶은 지치지 않는다. 10대들아, 먼저 꿈을 가져라. 너희의 비상을 위해.

3. 청년들아, 미래비전을 찾아 비상하라

산다는 것은 참 쉽지 않은 일이다. 스무 살의 고뇌라는 말도 있지 않은가. 젊어서 고생은 사서도 한다는 말도 있다. 그만큼 많은 것을 비록 실패하더라도 시도하고 경험해보라는 말일 것이다. 젊은 날 방황한다는 것은 고뇌한다는 것이고, 고뇌한다는 것은 살아있다는 것이다. 살아있다는 것은 축복이다. 살아있는 자만이 누리는 방황은 옳음을 찾기 위한 일시적 혼돈일 뿐이다. 그러니 방황과 고뇌도 즐겨라. 쉽게 포기하지 마라. 기다리면 때는 온다. 자신을 믿고 자신의 미래를 믿어야 한다. 그리고 끊임없이 노력하라. 스스로의 비전을 상상하며 그 상상을 현실로 만들기 위해 최선을 다하라.

청년이 가져야 할 가장 큰 무기는 미래를 전망하는 통찰력과 시선을 갖는 것이다. 고등학교를 졸업하고 첫 직업을 택할때까지 책과 매체를 통해 미래를 예측할 수 있는 눈을 갖도록해야 한다. 대학에 진학해 많은 전문가들의 지식을 배우는 것도 한 방편이다. 우리에게 미래학자로 잘 알려진 엘빈 토플러Alvin Toffler가 2008년 한국에 왔을 때 그는 "한국 젊은이들은앞으로 30년 내로 사라질 분야와 직업을 위해 시간을 허비하고 있다."고 일침을 놓았다. 미래의 변화를 예측하지 못한다는 것이다. AI(인공지능: Artificial Intelligence)로 대변되는 4차 산업혁명은 우리가 생각하는 그 이상의 속도로 우리생활에 스며들고 있다. 사물인터넷IoT:Internet of Things으로 세상 모든 유무형의 것이 서로 유기적 관계를 갖고 소통한다. 빅데이터에 의해서 일거수일투족이 고스란히 기록되고 블록체인에 의해 관리되는 세상이 도래한 것이다. 이때 필요한 것이 바로 창의성이다. 상상의 나래를 펼쳐 그것이 현실이 되도록 하는 세상을만들어가는 인재를 요구하고 있다. 결국 창의적인 사람이 되어야 한다. 미래학자들은 한결같이 21세기 미래인재에게 요구되는 것이 창의력이라고 하고 있다. 창의력이야말로 4차산업혁명 시대에서 가장 필요한 능력이라고 해야 할 것이다.창의·융합적 사고를 지닌 사고체계를 요구하고 있다. 창의력은타고난 것도 있겠지만 학습을 통해 충분히 향상시킬 수 있다.

세상은 빠르게 변화하고 있다. 과거 100년의 변화는 지금 10년에 비한다. 이 간격은 점점 더 좁아질 것이다. 미래를 예측하지 못하는 사람은 안주하는 사람이다. 안주하는 사람은 도태될 뿐이다. 미래를 예측하고 그 비전을 위해 준비해야 한다. 그리고 자신이 선택한 그 일의 비전을 확신해야 한다. 비전은 여러분에게 열정과 자신감을 가져다 줄 것이다. 지치지 않는 에너지란 내가 바라보는 비전에서 생성되는 법이다.

여행을 하라. 국내든 해외든 여행을 하라. 여행을 하면 그 자체로도 힐링이 된다. 우리가 잘 아는 안데르센은 "여행은 정신을 다시 젊어지게 하는 샘이다."라고 했다. 여행은 견문을 넓힐 수 있는 계기가 될 것이다. 여행을 갈 땐 누군가와 동행하기보다도 혼자 해보라. 그러면 세상이 넓다는 사실을 알게 될 것이다. 여행 속에서 번뜩이는 아이디어가 나올지도 모른다. 인생의 터닝 포인트를 맞이할 수도 있다. 설사 그렇지 않더라도 분명 많은 공부가 될 것이다. TV에서 배낭을 메고 세계를 여행하는 젊은이를 보면 부럽다. 세계배낭여행은 나의 버킷리스트 중에 하나이기도 하다.

기회가 된다면 해외유학을 계획해 보라. 불가능하다고 지레 포기하지 말고 길을 찾아보라. 궁하면 통한다고 하지 않던가. 찾아보면 길이 보일 것이다. 하늘은 스스로 돕는 자를 돕는다고 했다. 제자 중에 최근 유학을 다녀온 녀석이 있다. 학교에서 실시하는 해외교환학생프로그램에 참석해 1년간 러시아유학을 다녀온 것이다. 그는 어떤 계기로 인해 국가지원 장학금까지 받는 행운을 얻었다고 했다. 모 증권회사의 교환학생 지원프로그램에서도 지원을 받았단다. 잘 찾아보면 많은 곳에서 기회를 얻을 수 있다. 그도 유학 기간 중 방학을 이용해 유럽을 여행한 것이 가장 기억에 남는다고 했다. 거기서 얻은 감동과 영감은 그에게 아주 큰 재산이 될 것이다. 『잃어버린 시간을 찾아서』의 저자인 프랑스 소설가 마르쉘 프루스트는 "진정한 여행은 새로운 풍경을 바라보는 것이 아니라 새로운 눈을 가지는데 있다."고 했다. 즉, 세상을 보는 눈을 갖는다는 뜻이다. 또 다른 제자는 지방 삼류대에서 편입을 통해 소위 인서울을 하고 거기에 머무르지 않고 영국 유학을 거쳐 현재 외국계 기업을 다닌다. 앞서 얘기했던 제자의 이야기다. 이것은 끊임없는 자기계발의 결과이다. 스스로의 인생을 디자인하고 그에 맞춰 길을 찾고 노력하면 그 길은 반드시 열리게 되어 있다.

내가 어릴 때는 보릿고개라는 것이 있었다. 그 당시는 하루 세 끼를 다 챙겨먹는다는 것도 쉽지 않은 시절이었다. 고구마를 먹고 있던 내가 저녁은 언제 먹느냐고 물으면 그게 저녁이라는 대답이 들려오던 시절이었다. 그 시절에 비하면 지금은 엄청 좋아진 형편이다. 요즘 젊은이들은 우리나라의 현실을 두고 헬조선이라고 한다. 하지만 그들은 그 힘든 시절을 모를 것이다. 가난이 사람을 얼마나 참혹하게 만드는지 모를 것이다. 하지만 정도의 차이는 있을지라도 느낌은 같을 거라는 생각을 한다. 열심히 공부하고 아르바이트를 하고 아등바등 살아도 삶이 나아지지 않을 때, 그들은 지금 이곳이 헬조선이라고 느낄 것이다. 나아지기는커녕 점점 더 힘든 상황에 부닥치게 될 때, 삶에 대한 자신감이 점점 사라져갈 때, 우리는 팍팍한 삶 앞에서 죽음을 생각하기도 한다. 취업에 번번이 실패해 기운을 잃고 의기소침해 있는 제자들과 자리를 하면 무거운 침묵이 흐른다. 어떤 말을 해줘야 할까? 무슨 말을 해야 저들에게 희망을 줄 수 있을까? 많은 고민을 한다. 그저 입에 발린 얘기는 아무런 도움이 되지 않는다는 것을 알기 때문이다. 내 젊은 때를 떠올려 보았다. 꿈을 위해 아등바등하던 때, 나는 내려놓았던 것 같다. 내가 순수하게 하고 싶은 것과 해야만 하는 것, 그리고 할 수 있는 것을 냉정히 생각했다. 나는 그때 꿈을 접고 현실을 보았다. 어쩌면 현실과의 타협이었다. 비참할 수도 있었지만 현실을 받아들이기로 했다. 자존심과 욕심을 내려놓은 것이다.

힘들 때는 잠시 쉬고 자신을 냉정히 되돌아보는 시간을 가져보는 것이 필요하다. 냉정하게 인정해야 한다. 더 아래로 가보는 거다. 자존심을 내려놓고 어디까지 내려가는지 바닥을 보자는 심정으로 말이다. 거기서부터 시작인 것이다. 거기서부터 오르는 길을 찾는 것이다. 현재 내가 속해 있는 단계에서 최고가 되어야만 다음 단계로 올라갈 수 있다. 세상을 원망할 필요도 없다. 부질없는 짓이다. 모든 건 내게 달려 있다. 삶이 나를 속일지라도 좌절하거나 노하지 말라. 어쨌든 여기까지는 잘 버텨오지 않았는가? 지금까지 잘 버텨 왔으니 다시 한 번 힘차게 일어나 걸어보는 것이다. 어두움 속에서 길을 잃고 헤매는 청년들에게 말해주고 싶다.

"청년이여, 거기 있는 문부터 열어라."

4. 너의 인생을 디자인하라

10대에 꿈을 심고 열정을 부었다면 이제 20대에 그 싹이 나고 열매가 날 것이다. 열매가 쉬이 열리지 않는다고 조급해하지 마라. 또한, 싹이 더디 난데도 기죽지 마라. 미래를 상상하고 그 상상이 현실이 되게 하라. 모든 것은 너의 생각에 달렸다. 긍정의 힘을 믿어라.

고여 있는 물은 썩기 마련이다. 끊임없이 공부하고 자신을 독려하고 삶을 디자인해야 한다. 삶의 디자인이란 인생을 설계하고 지표를 설정하는 것이다. 끊임없이 책을 읽고 그 속에서 미래의 변화를 예측하고 꿈을 보완하여야 한다. 10년만 지나도 세상은 바뀐다. 그 변화를 예측하고 한발 빠른 대비를 해야 한다. 꿈의 궤도를 수정할 수도 있어야 한다. 어쩌면 그 꿈을 폐기하고 새로운 것을 모색해야 할지도 모른다. 수시로 자신을 점검하여야 한다. 바로 리디자인redesign이다. 긴 여정을 단계별로 나누어서 인생을 리디자인redesign할 필요가 있다. 변화의 물결을 무시하면 도태 당할 것이다. 디자인design하고 또 리디자인redesign을 하는 것이 인생을 제대로 사는 방편이 될 것이다.

강의와 강연을 들어라. 그 사람들의 생각을 듣고 내 꿈을 디자인해라. 그리고 그것을 비판하고 또 수용할 수 있도록 훈련해야 한다. 누군가의 말이나 추세에 휘둘리지 말고 스스로가 좋아하는 일을 찾아 비전을 갖고 노력하여야 한다. 나의 주인은 나다. 내가 하고 싶은 일을 하며 사는 것이 행복이다. 그리고 후회하지 마라. 비록 그 일에 실패하더라도 다시 뛰면 될 것이다. 세상이 바뀌고 있다. 하라는 공부는 안 하고 기타 치고 노래만 부르며 야단맞던 아이가 가수가 되고 래퍼가 되어 성공하는 시대다. 이제는 공부가 전부가 아닌 시대다. 신은 공평하게도 각자에게 하나씩의 재능을 주는 것 같다. 문제는 그것을 어떻게 발견하고 키워 가는가이다.

자신을 믿고 노력하라. 신은 스스로 돕는 자를 돕는다.

KOREA UNIVERSITY

명강사 11기 공저위원장 정자영

LIBERTAS
JUSTITIA
VERITAS

| 21세기 행복연습소 소장, 작가, 동기부여가, 행복메신저 |

저자강연회, 친절강의, 기업체 강의 등 수십 회의 강의를 진행했으며,
작가로, 강사로, 행복메신저로서 100세 시대 언제나 현역으로 살고자 한다.
저서로는 『오늘 더 행복해지는 연습』, 『버킷리스트 8』, 『또라이들의 전성시대』
가 있다.

〈자격〉 명강의 명강사 1급, 청렴 강사, 식중독 예방교육 전문강사, 행정사, 보육
시설사, 스피치 지도사 1급, 리더십 지도사 1급, 평생교육 강사 1급, 노인
교육 강사 1급, 인성 지도사 1급, 부모교육 상담사 1급, 기업교육강사 1급

〈강의분야〉 행복강의, 친절강의, 은퇴·평생교육, 청렴기본 강의, 의사소통교육,
리더십, 인성교육

M : 010-8355-2311 E : jyj1969@naver.com
B: https://blog.naver.com/jyj1969

나는, 오늘
행복하기로 결정했다

1. 행복이라는 무지개

"정 작가님, 행복이 뭔가요?"

원우회장님께서 내게 던진 질문이다. 나는 지금 '고려대학교 평생교육원 명강사최고위과정 11기'에 다니고 있다. 원우회장님은 11기 동기들의 만장일치로 회장 자리에 오르신 분이다. 수업은 매주 월요일이다. 그 분은 나의 저서『오늘 더 행복해지는 연습』을 떠올리며 던진 질문일 게다. 그런데 행복에 관한 책을 쓴 나는 선뜻 대답하지 못했다. 이상하게도 그랬다. 그건 왜일까? 책 속에서 나는 행복이란 단어를 얼마나 많이 언급했던가. 그런데도 선뜻 대답하지 못했을까? 나는 며칠동안 그 질문에 대한 답을 찾기 위해 애썼다. 행복이란 뭘까. 포털사이트에서 행복이란 단어를 검색하면 다음과 같이 정의하고 있다는 걸 알 수 있다. "행복: 생활에서 충분한 만족과 기쁨을 느끼어 흐뭇함." 그런데 이것이 전부일까? 그러던 중 정호승 시인의 강의를 들을 일이 생겼다. 그 분의 강의를 듣고 답답한 마음이 조금은 풀릴 수 있었다. 다음은 정 시인의 얘기다. 어느 날 아들이 자신에게 이렇게 물었다고 한다.

"아빠, 사랑이 뭐예요?"

시인은 어린 아들의 질문에 그만 말문이 탁 막혔다고 한다. 어째서였을까. 왜 알고 있으면서도 대답하지 못했을까? 시인이란 모름지기 사랑과 슬픔 같은 인간의 정서와 마음을 노래하는 존재가 아니던가. 그런데 아들의 질문엔 어째서 말문이 막혔던 걸까.

그 순간 시인은 아버지로서의 어떤 소명의식을 느꼈다. 아버지가 된 자로서 아들의 질문에 대답을 못해서도 곤란하다고 그는 생각했던 것이다. 시인은 아들의 질문에 대한 답을 찾아냈다. 그의 대답인즉슨 이랬다. 어머니의 사랑에는 아무런 조건이 없다. 무한한 사랑이다. 아들이 효도하고 성공해야만, 용돈 100만 원을 주어야만 '너를 사랑하겠다'라고 말하는 부모는 없다. 그것이 사랑이다.

이것이 시인의 답이다.

시인의 말을 듣고 공감했다. 우리는 너무 먼 곳에서 답을 찾으려 든다. 시인의 답을 교훈 삼아 행복을 찾으러 떠나야겠다. 우리는 가끔 타인에게서 나의 모습을 보며 답을 찾기도 한다. 거기에 답이 숨어있는 경우도 많기 때문이다. 행복은 복잡한 수학문제가 아니다. 그럼에도 답하기가 어렵다. 행복을 찾아 떠나는 여행, 어찌하면 행복해질까? 애면글면했던 시간들. 그리고 그 긴 터널. 한발만 더 내딛으면 햇볕을 볼 수 있는 곳. 그러나 그 한발은 더 이상 나아가지 못했다. 정답이 없는 인생. 산 너머에 있다는 행복의 무지개를 찾아 떠나보자.

2. 왜 사냐고 묻거든!

49세의 엄마와 56세의 아버지 사이에서 태어난 늦둥이. 그게 바로 나다. 사람들은 나를 쉰둥이라 불렀다. 어릴 때 하도 들어서인지 이제 '쉰둥이'란 단어는 듣기만 해도 싫다. 하루는 엄마 손을 잡고 읍내에 갔다. 시장 사람들 중에는 내가 엄마의 손녀인 줄 아는 분들이 많았다. 그럴 때마다 나이 많은 엄마는 "아니야. 우리 막내딸이야." 하시며 내 손을 더 꼭 잡고 다니시곤 했다.

그때 당시 우리 동네엔 논이 없었고, 주식은 보리밥이었다. 아버지와 나만 쌀밥을 먹었다. 엄마는 커다란 가마솥에 보리쌀을 넣고 불을 떼다가 어느 정도 김이 오르면 그때 솥뚜껑을 열어 다시 쌀 한 대접을 넣어 밥을 지으셨다. 밥을 풀 때는 주걱으로 살살 섞어서 아버지와 내 밥공기에만 보리가 약간 섞인 쌀밥이었다. 하루하루가 즐겁고 행복한 날들이었다. 시간이 흘러 어느새 나는 어엿한 직장인이 되었다. 결혼도 하고, 아이도 낳았다. 두 아들의 엄마도 된 것이다. 그리고 이제 30여 년을 다닌 직장을 퇴직했다.

행복한 백수생활을 즐기던 어느 날, 대학교 3학년인 아들에게 넌지시 물었다.

"너는 가장 행복했던 때가 언제니?"

"글쎄요. 대학 입학했을 때 엄마가 행복해 하시던 모습이 제일 기억에 남네요."

"아니 엄마가 기뻐한 거 말고, 네가 행복했을 때 말이야."

"글쎄? 군대 제대했을 때인가……?"

36살 띠동갑인 아이와 엄마 간의 대화다. '지금 행복하십니까?'라고 누군가가 물어온다면 당신의 대답은 무엇인가? 별다른 고민 없이 1초 안에 '예'라고 답해야 정말 행복하다는 이야기가 있다. 사람들은 누구나 행복을 얘기한다. 행복하려고 돈을 벌고, 옷을 사고, 여행을 가고, 밥을 먹는다. 행복의 정원에서 사는 삶을 꿈꾼다.

내가 중학교 다닐 때의 일이다.

꽤 추운 초겨울이었다. 교실에는 난로가 없었다. 그런데 교무실에는 난로를 피우고 있었다. 담임선생님에게 내가 물었다.

"선생님, 추운 것은 똑같은데 왜 교무실에는 난로를 피우고 교실에는 안 피우나요? 우리도 춥단 말이에요."

내가 예상한 선생님의 답은 "애들보다 어른이 더 추운거야." "교실에도 곧 피울거야." 정도였다. 그러나 선생님의 대답은 달랐다.

"나도 몰라. 내가 학교 다닐 때도 그러던데……."

"…?!"

선생님의 대답이 현답이었다는 생각에는 변함이 없다. 너무 완벽한 답을 찾으려 하지 마라. 너무 완벽한 답에는 여유가 없다. 행복도 완벽이 아니라 최적의 답을 찾는 것이 아닐까 한다. '실패'를 예로 들어 볼까. 완벽한 사람은 실패를 용납하지 않는다. 그러나 최적의 답을 찾는 여유로운 사람은 실패를 받아들이고 실패를 거듭하지 않기 위해 다른 방안을 생각한다.

내가 지금 살고 있는 아파트에서는 멀리 북한산이 보인다. 며칠 전에는 잘 보이던 산의 윤곽이 오늘은 희미하다. 안개가 많이 끼었다. 마음에 드리워진 안개를 걷어야 한다. 그래야 산을 볼 수 있다. 마음속의 안개란 뭘까? 그것은 예를 들

면 핑계 따위를 말한다. 내가 뭘, 나는 재주도 없는데, 나는
먹고 살기도 바빠 등 핑계를 대려는 마음도 안개에 속한다.

우리는 단순히 먹고살기 위해 태어난 것이 아니다. 우리가
사람으로 태어난 것은 뿌연 안개를 걷어버리고 행복하게 살
라는 신의 선택이다. 그렇지 않다면 개나 소로 태어났을 것
이다. 인간에게 노동과 고기만 제공하고 멸종되었을 것이다.

나는 30년이 넘는 직장생활을 했다. 언제부터인가 서랍에
는 사직서가 있었다. 상사는 꼴도 보기 싫었다. 일도 싫었다.
20일이면 나오는 월급이 직장에 다니는 유일한 이유였다. 그
랬던 때가 있었다. 그러던 중 내 생각을 바꾸는 사건이 생
겼다.

점심시간이었다. 짜장면을 입에 넣으려는 순간, 옆자리에
서 볶음밥을 먹던 중년신사의 입에서 '딱!' 소리가 났다. 돌을
씹은 것이다. 놀란 주인이 신사에게 달려왔다.

"손님, 괜찮으십니까? 죄송합니다. 다시 올리겠습니다."

"아, 그래도 돌보다는 밥이 더 많으니 그냥 먹겠습니다. 이
밥에서는 내가 이미 돌 한 개를 골라냈으니, 더는 돌이 없지
않겠습니까?"

"?!"

주인은 어쩔 줄을 몰라 하며 신사에게 새로 지어 올리겠다
고 했다. 신사는 괜찮다는 말만 거듭할 뿐이었다. 훈훈한 모

습이었다. 보통의 우리들은 '내가 돈 내고 먹는데 돌이라니? 이건 있을 수 없는 일이다.'라고 분개하며 불평했을 것이다. 주인을 나무랐을 것이다. 그러나 중년신사는 달랐다. 주인이 밥값을 안 받겠다고 하자 신사가 말한다.

"내가 거지인 줄 압니까? 밥 먹고 왜 밥값을 안냅니까?"

흐뭇한 광경이다. 아마도 노신사는 그 후로도 여유롭고 행복한 삶을 살았을 것이다. 식당주인은 그 일을 생각하며 두고 두고 더 많은 친절을 베풀었을 것이다. 이것이 행복으로 가는 지름길이 아닐까? 우리네 인생에도 돌보다는 쌀이 더 많음을 믿어보자. 불행, 배신, 불편, 미움의 돌들을 걸러내자. 그리고 쌀이 더 많은 밥을 맛있게 먹자. 사랑의 마음, 긍정의 눈, 배려, 감사, 작은 일상을 소중히 여기는 마음들이 쌀이 아닐까. 그것이야말로 행복이 아닐까 생각해본다. 우리는 행복하기 위해 태어났다. 왜 사냐고 묻지 마라!

3. 행복, 작은 모래알들의 모임?

구내식당에서 옆자리에 앉아있는 후배를 만났다. 눈인사를 했다. 그러자 그 후배는 식판을 들고 내 옆으로 왔다. 그녀에게 나는 말했다.

"야, 밥 먹다가 자리 옮기면 시집 두 번 간대!"

"아이 참, 언니는 그렇게 중요한 얘기를 왜 이제야 알려주는 거야!

"……?"

나는 그녀가 제자리로 돌아갈 줄 알았다. 그런데 그녀는 아무 일 없다는 듯 내 옆에서 식사를 마쳤다.

막내오빠 칠순 잔치에서 있었던 일이다. 조카 해문이의 아들 이야기다. 아이의 이름은 경준이다. 일곱 살이다. 나는 오빠가 4명 있고, 조카가 17명이다. 해문이는 내게 위로가 되어준 아이다. 내 나이 열아홉. 엄마가 돌아가셨다. 그때 돌쟁이였던 해문이가 곁에 있어 슬픔을 견딜 수 있었다. 내가 서울로 오자 그 애도 함께 살게 되었다. 우리는 가끔 삼겹살 파티도 하며 즐겁게 지냈다. 온 가족이 모였다. 막내오빠 딸 셋과 아들, 며느리들, 사위들, 손자손녀들, 조카들. 횟집에서 환갑잔치가 한창 진행되고 있을 때였다. 경준이 아빠가 경준이에게 물었다.

"이 다음에 우리 경준이가 내 환갑잔치 해 줄라나?"

그러자 아이의 대답은 이랬다.

"걱정하지 마시고, 그때까지 살아나 계셔!"

온 가족의 폭소. 웃음이 넘치는 행복한 풍경이다.

행복이란 멀리 있는 것이 아니다. 로또당첨이라는 기약 없는 희망은 행복이 아니다. 오늘 하루 당신은 누구와 있었는가? 고개를 몇 번이나 끄덕였는가? 옆에 있는 사람과 얼마나 많이 웃었는가? 지금 잠자리에 들며 저절로 미소가 지어지는가?

행복이란 하루하루 이어지는 작은 기쁨들의 총합이다. 작은 사랑들이 모여 큰 행복이 된다. 물론, 큰 행복이 나쁘다는 것은 아니다. 큰 행복 하나보다 작은 행복 여러 개를 선택함이 어떨까 생각해보자는 이야기다.

하루는 친구 규숙이가 남편 띠가 뭐냐고 물었다.

"용띠? 말띠인가, 범이던가?"

그러자 친구 왈,

"애들아, 자영이는 남편이 셋이나 있어!"

이런 해석이 가능한 친구가 내 옆에 있다. 그 친구의 해학에 여럿이 웃을 수 있었다. 나는 하루아침에 남편 셋 있는 여자가 되었지만 친구들과 나누는 대화 몇 마디, 거기에 있는 웃음, 행복은 이런 작은 순간들이 모여 이루어지는 것이리라. 다음은 이를 뒷받침할 수 있는 책 한 권을 소개한다.

조지 베일런트의 저서 『행복의 조건』이다. 부제는 '하버드대학교·인생성장보고서'이다. 이 책에서 말하는 행복의 조건 7가지는 다음과 같다. '고통에 대응하는 성숙한 방어기제, 교육, 안정된 결혼생활, 금연, 금주, 운동, 알맞은 체중이다. 이 중 50대에 세 가지 미만의 조건을 갖춘 사람들이 80세 이전에 사망할 확률은 네 가지 이상의 조건을 갖춘 이들보다 세 배는 높았다'고 한다. 또한, "행복하고 건강하게 나이 들어 갈 것인가를 결정짓는 기준은 지적인 뛰어남이나 계급이 아니라 사회적 인간관계다."라고 적고 있다. 그렇다. 행복의 조건은 바위 같은 커다란 성공이 아니다. 자녀, 부모, 형제자매, 친구 등 우리와 관계한 사람들이다. 그들과 나누는 일상의 작은 기쁨들이 모여 행복이 된다. 즉, 인생에서 가장 중요한 것은 바로 나와 인연을 맺은 주변사람이라는 사실이다. 그들과 나누는 작은 기쁨이다. 여러분도 동의하는가. 그렇게 이어진 수십 번, 수백 번의 작은 기쁨들을 사랑하자. 모래알처럼 작은 기쁨들을!

4. 오늘, 다시 행복 속으로

저자 강연회 후 독자들과 기념사진

"어제 행복했던 사람 손 들어봐."

"내일 행복할 사람 누군가요?"

"지금 행복한 사람 있나요?"

당신은 어디에 답할 것인가? 행복을 찾아 떠난 여행이 끝
나가고 있다. 서울대 행복연구센터 최인철 교수는 행복해지
려면 여행을 떠나라고 말한다. 평창 생태마을 황창연 신부는
여행을 가려면 '다 떨릴 때 가지 말고 가슴이 떨릴 때 가라.
다음이 아닌 지금 당장 떠나라.'고 말한다.

여행, 산책, 운동 등 행복해진다는 것들을 찾아 하나씩 경
험했다. 그럼에도 행복을 생각하면 나는 늘 배가 고팠다. 몸
이 배고팠다. 빨리 밥을 달라고 보채고 있었다. 내가 가보

지 못한 길, 불러보지 못한 노래, 이루지 못한 꿈을 향한 몸
부림이었다. 나는 책을 읽기 시작했다. 그리고 조금씩 깨달
아갔다. 온 마음으로 지금, 여기에서 열심히 살아갈 때 얻는
작은 행복의 경험들이 모여 우리를 행복한 사람으로 만들어
준다는 것을.

뒤돌아보라.

오늘은 어제의 내일이었다.

당신은 행복했는가?

행복했다면 축하한다.

같이 기뻐 할 일이다.

설령,

행복하지 않았더라도

너무 서운해 마라.

오늘

다시 행복하게 살면 되는 것이다.

오늘 행복하면

당신의 미래 역시 행복하다.

오늘은

당신의 어제일 것이므로

천릿길도 한걸음부터라고 한다. 행복은 어느 날 우연히 찾아오는 것이 아니다. 오늘의 행복은 어제의 내가 잘 살아온 결과다. 대단한 행복, 성공한 행복을 목표로 삼지마라. 행복은 목표가 아니라 과정이다. 흐르는 강물은 빨리 흐르든 천천히 흐르든 언젠가는 바다에 도착한다. 큰 목표에 행복을 두지마라. 지금 당장 생각나는 친구에게 전화라도 한 통 건네라. 사랑하는 아들딸에게 문자 한 통 해라. 지금 당신 앞에 있는 사람과 웃음을 나누어라. 오늘 저녁에는 온 가족이 한 식탁에 둘러앉아라. 당신이 사랑하는 사람과 함께하는 작은 기쁨들이 모이면 당신의 인생은 행복할 것이다. 우리는 창조자이다. 행복창조자이다. 불행한 나가 아닌, 행복한 나를 창조하기로 결정하라. 그리고 이렇게 외쳐보는 거다. 나는 행복창조자이다. 나는 지금 행복하다! 외친 대로 되리라.

5. 못다 쓴 문구들

인간은 변할 수 있다. 그리고 누구나 다 행복해질 수 있다. 아니 행복해져야 한다. 그러나 행복은 우연히 찾아오는 것이 아니다. 사랑과 용기라는 재료를 그릇에 끊임없이 담아야 얻어지는 것이다. 자유롭고 행복해지기 위해서는 나에 대한 다른 이의 평가에 목매지 말아야한다. 당신은 지금 자유롭고 행복한 삶을 원하는가? 그렇다면 지금 당신에게 필요한 한 가지는 행동이다. 행동할 용기이다. 지금 혹시 '나는 안 돼. 나는 능력이 없어.' 라며 주저앉아 있지는 않은가. 자신을 들여다보라. 자빠질 용기, 앞으로 나아가려고 하는 행동, 미움까지도 감수할 마음만 가졌다면 당신은 지금 당장 행복해질 수 있다. 행복을 멀리서 찾으면 영원히 행복하지 않다. 오늘 지금 여기에서 행복을 찾아야 한다. 지금 앉아있는 이 자리, 이 음식, 이 환경, 친구와 아이들과 함께하는 이 시간, 여기가 당신이 행복해야 할 자리다.

그녀는 30년 동안 직장생활을 하며 평탄하게 살았다. 아침에 일어나면 출근할 직장이 있었다. 결혼도 했다. 두 아들도 있다. 아파트도 한 채 있다. 아직은 건강하다. 별일 없다면 요즘 화두인 100살을 살 수도 있다. 남편이 뇌경색으로 눈이 잘 보이지 않아 15년 일찍 퇴직을 했다. 그때는 힘들기도 했다. 모든 것은 지나갔다. 그리고 지금 다시 제2의 인생을 꿈꾼다. 바로 내 이야기다.

회사에 다닐 때의 일이다. 저녁 약속이 있어 퇴근시간이 되자마자 주차장으로 갔다. 그런데 웬 차 한 대가 내 차를 가로막고 있었다. 전화번호도 없는 차였다. 나는 겨우 택시를 타고 약속장소로 갔다. 할 수 있는 모든 불평을 다하며, 머리끝까지 화를 내며 말이다. 다른 날, 또 같은 상황이 벌어졌다. 그런데 이날은 내가 야근을 해야 해서 차에서 잠깐 쉬려던 참이었다. 그때는 '앞에 차가 있으니 다른 직원 눈에 띄지도 않고 잘됐네.' 하며 여유롭게 30분을 쉬었다가 사무실로 올라갔다. 위의 두 예시는 상황이 다른 경우다. 우리는 생각만 바꾸면 얼마든지 긍정적이고 행복한 인생을 살 수 있다. 불평하며 화를 내며 정신건강을 헤치며 택시를 탈 것이 아니다. 택시를 탔기 때문에 사고를 방지할 수 있었다고 생각을 바꾸기로 한 것이다. 지나간 날들은 보내주자. 그리고 미래를 기다리는 여유를 갖자. 지금 여기에 주목하며 오늘을 의미 있게 보내자.

저자 싸인회 모습

명강사 11기 윤리부회장 김형곤

LIBERTAS
JUSTITIA
VERITAS

| High Fashion 유림 대표 |

〈자격〉 명강의 명강사 1급, 기업교육 강사 1급, 리더십 지도자 1급, 인성지도사
     1급

〈강의분야〉 기업강의, 소통교육, 리더십, 생명존중, 인성교육

M : 010 –9000–5477 E : khg547700@naver.com

동대문!
패션의 미래를 품다

1. 패션나라 동대문

  청계천이 흐르는 옆으로 화려한 불빛! 패션의 거리! 동대문
이다. 동대문의 아침은 밤 12시부터 시작된다. 가장 활기를
띄는 시간대는 자정부터 새벽 3시까지다. 밤 시장과 낮 시장
이 모두 문을 열기 때문에 밤 12시가 하루의 시작인 것이다.
손수레를 끌거나 큰 봉지를 지고 바삐 움직이는 사람들, 캐리
어를 끌고 지나가는 외국인들, 시장은 언제나 활기가 넘친다.
60년대 서울에 전차가 사라지고 그 차고지에 동대문 종합시
장이 들어섰다. 90년대부터 남대문 시장을 제치고 국내 최대
도매 상권으로 부상했다. 1998년 밀레오레, 두타 등 대규모
소매 상권이 형성되면서 국내 패션 의류의 중심이 되었다. 이
제는 '동대문' 하면 '패션'을 연상하는 용어가 되었다.
  나는 동대문의 역사와 함께했다. 내 젊음을 동대문 패션나

라에 고스란히 바친 것이다. 지금 생각해보면 어떻게 살아왔
는지 신기하기만 하다.

동대문 패션시장의 아침은 밤 12시부터 시작된다

IMF가 벌어진 와중에도 동대문은 최대의 전성기를 구가
했다. 환율 폭등에 따른 가격 경쟁력과 한국에만 존재하는
'디자인-봉제-판매-유통'의 일일 생산 시스템이 있었기 때
문이다. 그러나 2001년 이후 중국과 동남아의 저가상품이 몰
려오는 악재를 만나게 되었다. 게다가 신용카드 대란이 겹치
면서 국내 소비가 위축 되는 등 상황은 급변했다. 그럼에도
시장은 부동산 투기에 열중했고 이런 잘못된 선택으로 동대
문은 위기에 빠져 들었다. 내셔널 브랜드의 저가 마케팅, 아
울렛과 대형 마트의 패션 산업 진출로 주 고객이었던 지방 의
류 소매상마저 발길을 돌렸다. '저가 의류 집산지 동대문'이
라는 소리에 소비자의 눈높이는 높아졌다. 높아진 눈높이를

충족하지도 못했다. 인터넷 쇼핑몰의 등장은 더욱 충격적이었다. 클릭 한번으로 원하는 상품을 구매하는 시대가 되었다. 미국, 일본, 유럽의 바이어들도 중국으로 발을 돌렸다. 말 그대로 총체적 난국이었다.

하지만 위기 뒤에는 기회가 온다고 하지 않았던가! 동대문에도 변화의 움직임이 일었다. 신진 디자이너들로부터 동대문을 살려야 한다는 공감대가 형성되기 시작한 것이다. 이들 디자이너는 탄탄한 디자인 기술과 빠른 납기, 신용 등으로 무장하고 경쟁력의 승부수를 띄웠다. 국내는 물론 국외 유명 백화점에도 진출해 동대문의 이미지를 한층 발전시키고 있다. '저가 상품=동대문'이라는 이미지는 점차 사라지고 있다. 이제 동대문에서 가격경쟁은 중국, 동남아에서 생산된 저가 상품 때문에 무의미하다. 동대문의 패션 의류 클러스터는 뉴욕 맨해튼에 위치한 4천여 개의 패션 관련 업체들이 모여 있는 가던트 디스트림트처럼 동대문을 중심으로 활성화 되어 있다.

동대문 패션 클러스터 구조

동대문 패션 나라의 장점은 반경 5키로미터 내에 소재(원단, 부자재)와 생산, 판매, 유통이 공존하는 시스템이다. 자생적으로 발생한 전 세계 유일의 기획부터 신제품 판매까지 빠르면 2일 내에 모두 가능하다. 이런 사례는 전 세계 유일무이하다. 또 다른 강점은 생산 단계별로 작업이 세분화되어 있고 전문화되어 있다는 점이다. 이와 같은 생산 인프라가 구축되어 있기 때문에 스피드는 타의 추종을 불허한다.

현재 세계 패션시장에서 새로운 디자인은 사라졌다. 유명 패션쇼에 출품된 디자인을 각자의 디자이너들에 의해 적절히 변형되어 생산된다. 동대문도 예외는 아니다. 누가 더 빨리 효과적으로 만드느냐가 경쟁력이다. 동대문은 원 스톱 시스템을 갖추고 있다. 우수한 디자이너와 수십 년간 기술을 쌓은 소잉 마스터(장인)들이 상생하는 시스템이다. K-POP의 한류 바람과 함께 우리나라의 패션이 부각되고 있다. 동대문은 세계적인 패션의 중심지로 진화하고 있는 것이다.

2. 생산이 갑이 되는 이치

"패션의 완성은 봉제다."

토니 블레어 전 영국 총리는 당시 총리가 된 후 패션 디자이너들에게 봉제 기술을 배우라고 했다. 디자이너들이 디자인만 하면 그림을 그리는 사람에 불과했다. 봉제를 할 줄 알아야 비로소 완성된 디자이너라고 생각했던 것이다. 이런 국가적인 정책이 지금의 런던을 패션의 도시로 만들었다.

18세기 산업혁명의 중심지인 영국 런던은 오래된 도시에서 또 한 번의 산업혁명을 맞아 빠르게 탈바꿈하고 있다. 런던의 산업 중에서도 새롭게 떠오르는 것이 바로 패션이다. 패션 분야라면 보통 디자이너를 떠올리기가 쉬운데 그만큼 중요한 사람이 또 있다. 바로 디자이너의 생각을 실물로 완성하는 봉제 장인이다.

우리나라에서는 봉제 기술자를 단순노동 정도로 치부하는 인식이 많다. 하지만 유럽에서는 이들을 엄연한 '소잉 마스터' 즉 장인으로 대우한다. 무엇보다 숙련된 기술이 중요하기 때문이다. 실제로 1990년대 후반부터 런던에는 '소잉 아카데미'가 생겨나기 시작했다. 봉제 산업은 기술력 중심인데다 부가가치가 높은 산업이다. '소잉 아카데미'의 등장으로 봉제 산업은 도시 속 제조업으로 당당히 자리를 잡았다. 이로 인해 영국은 패션 선진국의 조건인 제조력을 갖추게 되었다.

20여 년이 지난 오늘날 런던은 패션의 상징 도시가 되었다. 디자인과 봉제기술이 만나 패션이 완성된다는 생각이 만든 쾌거였다. 세계적인 명품브랜드에서는 절대적으로 지켜지는 원칙이 있다. 중요한 제작과 해외근로자 직원교육은 자국의 장인들이 소관업무라는 점이다. 그만큼 장인들의 위치가 중요시된다는 말이다.

우리나라 패션대기업은 물론 중저가 제품들도 이제는 해외에서 생산하는 추세다. 샘플만 한국에서 만든다. 그나마 남아있는 봉제 시스템을 키워주지 않으면 그땐 샘플마저도 해외로 나가서 만들어야 하는 상황이다. 프랑스, 이태리, 미국, 영국과 같은 패션 선진국과의 격차는 점점 커져가고 있다. 국내 생산 인프라를 어느 정도 규모는 구축하고 있어야 한다. 그래야 해외에 아웃소싱을 주더라도 경쟁력이 있게 된다. 미국은 이미 20년 전부터 자국 내 의류봉제 생산 능력이 전체 생산량의 30% 이하로 내려가지 못하게 했다. 국내 생산 능력을 갖추지 못하면 해외 아웃소싱업체가 부르는 게 값이다. 그만큼 생산 비용이 올라가게 된다.

국내 봉제인력은 도전하는 젊은이들이 없어서 문제가 심각해지고 있다. 기술을 이전할 처지는 못 되고 숙련공은 고령화되어가고 있다. 이제는 샘플도 해외에서 만들어 올 날이 아주 가까이 와 있는 현실이 안타깝다. 최소한 샘플만이라도 해외에 나가서 만들지 않아야 한다. 그 정도의 기반 시설이 국내에 있어야 한다.

다행히도 최근 들어 서서히 변화의 움직임이 감지되고 있다. 도시재생 봉제 산업과 청년 패션 메이커들과의 상생 활동으로 새로운 모습이 탄생 중이다. 30년 이상의 봉제공장 사장인 장인들이 패션 디자인 전공자들과 만났다. 장인들은 디자인과 봉제기술을 전수하고 젊은 패션 메이커들은 봉제기술을 체험하고 경험을 쌓는 것이다. 젊은 패션 메이커들의 취업과 창업으로 이어지면서 새로운 변화가 일어나고 있다.

1:1 매칭 방법으로 현장의 안전에 대한 중요성과 현장투입에 대한 불안감도 덜어주고 있다. 업체도 젊은 청년들과 같이 근무하면서부터 활기를 띄기 시작했다. 참여자를 후계자로 만들겠다는 의지를 갖고 있는 장인도 생겨났다. 봉제기술

은 하루아침에 이루어지는 사업이 아니다. 봉제업의 숙련공이 되려면 최소한 5년 이상은 일해야 한다.

지금 세계의 봉제 산업은 자동화 시스템으로 대량생산이 가능해졌다. 그러나 여기에는 한계가 있다. 소비자는 자신의 개성이나 감성을 패션으로 표현하고 싶어 한다. 소비자의 이런 생각들은 장인들의 손길을 더 필요로 한다. 소량의 제품만으로 희귀성을 원하고 있는 것이다. 다양성으로 옷을 입기보다는 패션을 놀이로 만들어가고 있다. 이런 소비자가 있는 한 장인은 절대적으로 필요한 존재다. 지금은 봉제를 하려는 사람이 없어서 희소성이 높아지고 있다. 5년만 지나면 봉제하는 사람이 디자이너보다 더 좋은 대우를 받는 날이 올 것이다. 이것이 바로 생산이 갑이 되는 이치다. 이러한 봉제 산업에 뛰어드는 젊은이들의 도전정신을 앞으로 기대해 본다.

3. 밤에 피는 디자인

동대문 시장엔 매일같이 몇천 개의 새로운 신상이 쏟아져 나온다. 그 신상제품들을 살피는 자들이 있다. 바로 무에서 유를 창조하는 동대문 디자이너들이다. 동대문의 디자이너를 속된 말로 '시장 것들'이라고 폄하하는 이들도 있다. 그러나 이런 폄하는 잘못되었다. 동대문은 한국의 '빨리 빨리' 문화의 본산이라고 할 수 있다. 이들은 최근의 트렌드를 발 빠르게 시장에 선보여야 한다. '유니클로', '자라', 'H&M' 같은 브랜드를 앞서가는 패션을 고민하고 떠올리는 건 그들의 몫이다.

　동대문 시장에서 디자이너는 디자인 업무만 하는 것이 아니다. 디자인 업무 외에 봉제공장과 조율하여 제품이 제때 나오도록 돕는 일도 한다. 동대문 디자이너의 일상을 체크해보면 다음과 같다. 먼저 출근하면 최근 판매량을 체크한다. 그다음 원단의 컬러와 재질을 선택 후 디자인 시안을 제작해서 봉제공장에 의뢰한다. 이후 원단 발주하기, 부자재 신청하기 등 혼자 도맡아 일을 처리한다. 이 모든 일을 하려면 시간도 부족하고 체력소모도 상당하다. 원부자재가 입고되었는지 확인하고, 샘플이 나오면 체크해서 생산에 들어가야 하기 때문에 잠시라도 쉴 틈이 없다. 하루에 봉제공장 서너 군데를 매일같이 다녀야 한다. 여기서 얻는 장점은 단기간에 생산과 공장운영에 대해 배울 수 있다는 점이다. 시장 디자이너들은 보통 일주일에 한두 번의 시장 조사를 나간다. 소비자의 반응이나 유행에 따라 디자인 변화가 크기 때문이다. 대부분의 의류 매장은 다른 매장의 우수한 상품을 카피한다. 디자인 카피가 심한 이유는 안전성이 보장되기 때문이다. 다른 매장에서 그 제품이 성공하면 그만큼 시장성이 있어 실패 확률이 적다. 이처럼 잘 팔리는 제품 위주로 단순한 디자인을 요구하는 경우가 많아지면서 디자이너 의사가 배제되는 경우도 있다. 버젓이 디자이너가 있는데 다른 매장 제품을 두어 벌 사들고 와서 이것과 똑같이 만들어 줄 수 있겠냐고 묻는 이들도 종종 있다. 다행히 최근에는 디자인 카피가 줄어드는 편이다. 디자인 개발에도 많이 투자하는 분위기로 전환되고 있다.

컨폼conform을 끝내고 샘플 작업에 들어갔는데 완성되어 나올 땐 전혀 다른 옷이 되어 나오는 경우도 있다. 이때 디자이너들은 심한 좌절감을 느낀다. 재단사의 실수인가 싶어 물어보면 사장 지시로 고쳤다는 답변을 듣는 일도 종종 발생한다. 한 디자이너는 의논 한마디 없이 마음대로 디자인을 바꾸는 것이 너무 속상해 그만 둘까하고 생각한 적도 있다고 했다. 그래도 처음엔 힘들지만 지금은 익숙해져서 괜찮다고 말했다. 웃음으로 답하는 모습이 역시 프로라는 생각이 들게 한다.

시장 디자이너들은 계절이 시작되기 3개월 전부터 다음 계절을 준비한다. 이때는 무척 힘들어 한다. 어차피 내셔널 브랜드에서도 늦게까지 일하는 것은 마찬가지다. 아무리 힘들어도 내가 작업한 샘플이 매장에서 판매가 되면 그 기분은 이루 말할 수 없이 기쁘다. 또한 이 맛에 일을 한다고 한다. 동대문 디자이너의 경우 2년 이상을 버티기 힘들 정도로 이직률이 높다. 계절별로 히트 상품이 있어야 디자이너로서 일하기 수월하다. 시장이 좁고 한정적이다 보니 디자인을 잘 뽑아 히트 상품으로 이어져 매출이 높아질수록 대우가 좋다. 동대문 시장에는 정식직원으로 소속된 디자이너도 있지만 프리랜서나 아르바이트 형식으로 일하는 디자이너도 상당수 존재한다. 일부 매장에서는 정식 디자이너 외의 아르바이트를 2~3명씩 고용하기도 한다. 의류학을 전공하는 학생, 도매시장부터 배우고 올라온 학원생, 하이패션 디자이너, 디자인실장 등 다양하다. 이들은 동대문 도매시장 2~3군데의 매장에서 디자인 일을 한다. 보수는 경력이나 능력에 따라 다르다. 그 차이도 큰 편이다. 경력이나 능력이 있는 메인 아르바이트나 디자이너의 경우 보수가 상당히 높다. 매장에서는 많은 보수를 지급하더라도 경력이 많은 디자이너를 쓰려고 한다. 이들은 히트 상품 없이 어려울 때는 주 1~2회의 미팅으로 빅카드를 제시하기 때문이다. 디자이너의 취업은 보통 지인의 소개나 구인, 구직 사이트에서 이루어진다. 학력이나 외모보다는 나이나 경력이 어는 정도 영향을 미친다. 매장에 따라서는 6개월에 짧은 경력을 우대하는 경우도 있으며 너무 어리거나 나이가 많아도 열정을 보고 선발하기도 한다.

동대문 디자이너들은 대부분은 독자적인 자신만의 브랜드

를 런칭해서 독립하기를 원한다. 자체 브랜드를 런칭해 성장하기까지는 어려움이 상당하다. 최근에는 동대문 쇼핑몰인 '롯데 피트인'이나 '두타' 등에서 적극적으로 나서고 있다. 동대문 디자이너의 브랜드를 핵심 경쟁력으로 내세우면서 동대문 상권과 상생할 수 있도록 지원하고 있다. 의류패션관련 기관에서도 신진 디자이너의 육성 및 창업 지원을 하고 있다. 동대문 쇼룸 등 디자이너 브랜드 이미지와 가치를 높임으로써 국내외의 판로 확대를 도모하고 있다. 동대문은 이렇다 할 명품 브랜드가 없는 게 문제다. 젊고 창의적인 이들이 두려워 말고 도전해야 하는 이유가 여기에 있다.

4. 젊음을 걸어도 좋다

동대문패션에도 4차산업의 시대가 다가오고 있다.

과거에는 동대문에 점포 하나를 내는 것만으로 충분했다. 앞에서 고객을 기다리기만 해도 되었다. 현재는 온라인 시대로 모든 제조사들은 소비자를 직접 만날 수 있게 되었다. 소비자들은 가성비가 좋은 제품을 찾는다. 이제는 원제조사가 소비자에게 직판을 하는 시대가 다가오고 있다. 이미 많은 동대문 기업들이 스스로를 브랜드화 하였고 성공한 사례들도 있다. 동대문의 신속한 생산 시스템에 우리의 세계적인 I.C.T 기술을 접목하여 고객이 자신의 취향을 반영할 수 있게 하고 있다.

4차산업혁명 시대에는 대중화보다 개인화가 보다 강해질 것이며 수요가 다양해질 것이다. 지금은 산업 패러다임이 변화하고 있는 과도기이다. 앞으로 패션산업이 나가야 할 방향은 스마트 팩토리 환경을 구축하는 것이다. 제조사는 '브랜드 론칭'을 통해 봉제기업의 자생력을 기르고 있다. 그들이 자신의 브랜드를 론칭하고 아이템을 제작해 판매하는 시대가 열리고 있다. 이에 젊은이들은 보여주려고만 하면 안 된다. 내가 무엇을 할 수 있는지를 말해야 한다. 아이디어만 있으면 창업할 수 있다? 아니다. 아이디어는 필요 없다. 아이디어는 AI 빅데이터 분석으로 만들어진다. 능력만 있으면 된다. 즉 남보다 더 잘할 수 있다는 열정과 도전정신만으로 충분하다.

스마트하고 창의적인 이들이 패션산업을 이끌어야 한다. 과거의 노동집약적 사업에서 이제는 기술집약적이고 고부가가치 산업으로 변신해야 한다. 4차산업혁명의 물결은 제조와 만나야만 진정한 혁명이 된다. 그 속에 젊음의 미래가 있다.

젊음을 패션사업에 건 디자이너들

명강사 11기 화합위원장 허지우

LIBERTAS
JUSTITIA
VERITAS

| 요양원 원장, 경기대학교 대학원, 동양철학과 석사 |

부모님들의 천국을 위한 여행과 청소년들의 미래는 나에게 맡겨라.
내가 갑이다.

〈자격〉 명강의 명강사 1급, 기업교육 강사1급, 인성교육 전문가, 부모교육 상담사
 1급, 리더십지도사 1급, 평생교육사 1급, 심리상담사, 웃음치료사 1급, 사회
 복지사 1급, 보육교사 2급, 노인교육강사 1급, 스피치지도사 1급

〈강의분야〉 인성교육, 가족화합, 비행청소년 교육, 리더십

M : 010-6490-2868 E : hjwon7788@daum.net

청춘아!
지나간 잣대의 소리를 들어라

1. 3, 40대 인생의 절정기에 터닝포인트를 잡아라

스무 살 시절, 나는 꿈을 좇기보다는 현실을 직시하는 평범한 사람이었다. 먹고사는 일에 치여 사느라 내 꿈은 잊고 살았다. 25세부터 직업전선에 뛰어들어 최저임금을 받으며 생활했다. 월세, 교통비, 식비 등 의식주를 위한 고정지출비용을 제외하면 내게 남는 돈은 50% 남짓이었다. 그러다가 28세에 좋은 인연을 만났다. 유유상종類類相從이란 말도 있지 않던가. 좋은 인연을 만나 결혼이라는 제2의 인생을 시작했다. 결혼이란 가족이라는 공동체를 만드는 일이다. 가족구성원들과 함께 치열하게 팀워크를 발휘하면서 아름다운 삶의무늬를 만들어 가는 일이다. 사는 일이란 그런 것이다. 이것이 인생의 시발점이고 끝이라면 삶에 씌워진 희생의 굴레에서 벗어나 나를 찾기 위해 성 밖으로 나가야만 한다. 나는 '자

신이 할 수 있는 능력의 도구를 찾아가는 자는 성공한다.'라
는 책 속의 명언을 떠올리며, 40대 중반에 학사학위에 도전
했다. 인생 절정기에 정신 차리고 보니 학문의 마지막까지 배
워가고 있는 나를 볼 수 있었다. 나는 책 속의 명언을 실천하
고 있었던 것이다.

　40대의 시작버튼이 있었기 때문에 내가 원하는 인생을 살
아갈 수 있게 되었다. 소위 말하는 인생역전에 성공한 셈
이다. 나의 이야기는 평범하고 부족하게, 늘 불평하며 살아가
거나 삶을 포기한 분들에게 새로운 세계를 끊임없이 옮겨갈
수 있는 힘을 얻을 수 있도록 도움이 될 것이라 믿는다. 지도
자도 없고, 코칭 해주는 사람도 없이 무작정 하루 세끼 먹는
다람쥐 쳇바퀴 돌듯이 살게 되면 인생이 무의미하게 그냥 흘
러만 가게 된다. 인생의 롤 모델을 만들고, 인생 목표를 선정
하면 하루를 살아도 내가 원하는 목적지로 가게 된다. 그렇게
조금씩 나아가다 보면 어느새 목적지가 눈앞에 다가와 있음
을 알게 된다. 그런 인생을 살아야 한다. 지금부터 나는 그런
이야기를 하려고 한다.

2. 3, 40대의 꿈은 인생의 값진 보석이다

자신의 꿈에 묵묵히 전념하는 자세와 행동과 노력이 중요하다. 축구선수 박지성에 관한 이야기다. 고등학교 시절 박지성에겐 방해꾼이 있었다. 그때 당시 폼 잡고 멋내기에 바빴던 동료들은 코치들의 눈길을 피해 몰래 한 잔씩 하며 어른 흉내를 냈던 것이다. 그때마다 박지성은 갈등했다. 동료들을 따라 유흥을 즐기고 싶은 마음과 훈련을 해야 한다는 마음. 둘 사이에서 갈등했던 것이다. 부모님은 운동할 때 술 마시고, 담배를 배우고, 쾌락에 물들면 너의 인생은 여기서 낙오자가 된다며 충고를 했다. 박지성은 동료들의 유혹에 넘어가지 않았다. 그 결과 그는 오늘날 우리나라 최고의 축구선수가 될 수 있었다. 만약 그가 훈련이 끝난 뒤 목적지를 잃어버리고 함께 어울렸다면 그 꿈을 향한 다짐은 버려진 꿈이 되었을 것이다. 훈련 시기에 집중하지 못한 나머지 자신의 기량을 발휘할 수 없었을 것이다. 우리는 인생을 살아가면서 수없이 많은 방해꾼과 유혹을 마주하게 된다. 그때마다 유혹에 넘어가지 않고 자신의 길을 걷는 데에 집중한다면 분명 성공할 수 있을 것이다.

3. 배움이 없으면 정보 심장은 멈춰버린다

다가오는 4차 산업 시대에 주목받는 직업과 분야는 다음과 같다. 인공지능, 컴퓨터 공학, 소프트웨어, 정보통신, 정보보안, 발전 VR시스템, 웨어러 디바이스, 자율 주행차, 가상현실, 신사업 기술, 모바일, 보안전문가, 전자 공학 기술자, 멀티미디어 제품 디자이너 등이다. 시대에 발 맞춰 나 자신을 개발하다보면 좀 더 전문성을 가진 사람으로 살 수 있다.

꿈과 목적이 있다면, 20~40대의 시기를 놓쳐선 안 된다. 이 시기가 중요하다는 것을 다시 한 번 깨우쳐야 한다. 늦었다는 생각은 위험하다. 그러니 도전하라. 공부할 수 있을 때 놓치지 않고 죽을힘을 다해 노력해야 한다. 그렇게 한다면 좀 더 나은 삶으로 나아갈 수 있을 것이다. 제2의 인생에 도달할 기회를 잡기 위해선 노력해야 한다. 인생역전의 투자가치를 이때 잘 획득해야 한다. 배움은 때가 있다고 한다.

부자가 되고 싶으면 부자들과 어울려 숨을 쉬어라. 배움의 정보를 터득하고, 명성을 날리고, 값진 내 모습을 알리고 싶다면 노력하는 자의 매일 3끼 밥을 체크하고, 스스로를 채찍질하는 습관이 중요하다. 조선 후기 실학자 문인 다산 정약용에 관한 일화에 보면 다산은 제자 황상의 자질을 눈 여겨보고, 문사를 닦도록 권했다고 한다. 그러자 황상이 이렇게 대답했다.

"제가 3가지가 부족한 점이 있사옵니다. 첫째는 머리가 둔하고, 둘째는 앞뒤가 막혀 답답하고, 셋째는 미욱하여 이해력이 부족합니다."

이어서 다산이 말했다.

"첫째, 외기를 빨리하면 재주만 믿고 공부를 소홀히 하는 폐단이 있고, 둘째, 글재주가 좋은 사람은 속도는 빠르지만 글이 부실하게 되는 폐해가 있으며, 셋째, 이해가 빠른 사람은 한 번 깨친 것을 대충 넘기고 곱씹지 않으니 깊이가 없는 경향이 있다."

다산 정약용 선생이 말하기를 황상과 같은 친구는 발전가능성이 있다는 것이다. 자신의 실력을 믿고 자만하지 말고, 배움의 길은 엉덩이로 한다는 사실을 인정해야 한다. 방석이 나를 보고 나 또한 아프다고 느낄 때까지 배워야 하겠다고 생각했다. 도전하는 30~40대에게 말하고 싶다. 정보와 직업에 관심을 가지고 관찰하라. 용기를 갖고 찾아라. 그리고 배워라. 배움이 없으면 정보 심장은 멈춰버린다.

4. 도전, 노력의 대가는 성공한 인생이다

자신의 일에 의미를 부여해야 성공한다. 세상에 거저 얻어지는 것은 없다. 모든 일을 할 때에는 그만큼의 수고가 따른다. 지루하거나 고되다고 하여 섣불리 중도하차해선 안된다. 어떤 분야든 성공을 위해선 그만큼의 노력과 인내가 수반된다. 끈기와 끊임없는 노력, 도전하는 배움이 뒷받침되어야 성공할 수 있다. 나는 도전의 3가지를 뇌에 입력하면서 생활하는 습관으로 지금의 내가 원하는 성공을 이룰 수 있었다. 그 3가지는 다음과 같다.

① 도전할 기회가 있는데 피하면 더 이상 발전할 수는 없다. 어제보다 못한 오늘과 내일만 살게 된다.

② 역경이 찾아오더라도 이 또한 지나가리라는 생각으로 마음을 다스려야 한다. 마음을 다스리기 위한 자기만의 주문을 하나 정도 갖고 사는 것도 좋다.

③ 도전정신만 있다면 어떤 목표나 꿈도 실현할 수 있다. 실패하더라도 될 때까지 도전하면 된다. 근성을 잃지 말자.

5. 소통과 맥의 인프라

나는 공감대를 만들어 서로 이해하고 자신의 경험을 토대로 상대의 마음을 사로잡는 말의 솜씨를 소통이라고 생각한다. 소통은 인간관계를 잘 유지할 수 있는 수단이 된다. 그리고 나의 가치를 높이는 소통이 인간관계에서 맥을 구축하는 인프라 소통이라고 생각한다.

① 서로를 향한 마음을 열어야 한다. 진심으로 칭찬하는 말은 가슴을 찡하게 한다. 마더 테레사는 이렇게 말했다. "친절한 말은 짧고 하기도 쉽지만, 그 메아리는 오래간다." 마크 트웨인은 "좋은 칭찬은 한 번 듣는 것만으로도 두 달을 살 수 있다."라고 말했다.

② 상대방의 말을 경청해야 한다. 또한 적당한 맞장구도 쳐주어야 한다. 또한 긍정적인 말을 전해줘라. 상대의 관점에서 적절히 반응하고, 상대방을 믿고 있다는 표현을 보내라.

③ 소통의 인사는 마음을 열어주는 열쇠다. 월마트 창업자이자 최고의 갑부 대열에 있는 샘 월튼의 사업 비결은 소통의 인사였다. 그는 어릴 때부터 사람들에게 먼저 다가가

인사하곤 했다. 그것은 좋은 습관이었다. 부모와 자식, 부부, 친구, 직장동료들과 인사를 잘하면 가정은 화목해지고, 능률은 한층 더 좋아진다. 관심의 표현, 감사의 표현, 호의의 표현, 의사의 표현. 이것만으로도 상대방과 충분히 소통할 수 있다. 또한, 상대의 존재감을 높여주는 것도 한 방법이다.

6. 꿈의 물꼬를 터라

나는 30세까지 평범한 삶을 살아왔다. 그러던 어느 날이었다. 대학 도서관에서 책을 보다가 가슴이 뭉클해지는 것을 느꼈다. 나는 고등학교를 졸업하고 평범한 직업을 가졌다. 하지만 현실에 치여 꿈을 잊고 산다는 사실을 뒤늦게야 깨달았다. 가정을 꾸리고 현실에 충실하다보니 그저 목적도 없이 바쁘게만 살아온 것이다. 하지만 남들보다 늦게 가더라도 좀 더 인생의 가치 있는 옷을 나 자신에게 입혀야겠다고 생각했다. 그것이 진정한 사람의 모습이 아닐까, 하고 생각했다. 40이라는 나이에 대학에 도전해서 배움의 열정으로 대학원까지 마쳤다. 나는 깨달았다. 성공을 위해선 의지와 열정이 너무나 중요하다는 사실을 말이다. 미국 영화배우 메리픽포

드는 "당신은 언제든 당신이 원하는 순간에 새 출발을 할 수 있다."라고 말했다. 나는 이 말에 깊은 감명을 받았고, 그 결과 다시 시작할 수 있게 되었다.

책을 통해 많은 지식을 쌓으면서 제2의 인생에 심장을 달았다. 강력한 심장 박동의 리듬을 들으면서 끊임없이 도전하고 노력하는 삶을 살아갈 것이다. 제3의 인생을 살 때쯤이면 아마 '100억 부자'라는 이름을 달고 살고 있지 않을까 싶다. 꿈의 물꼬를 터라. 그때부터 인생이 바뀐다.

명강사 11기 대외 협력부회장 문성주

LIBERTAS
JUSTITIA
VERITAS

| ㈜스타클룸 총괄이사, Good Jewelry 대표,
  중앙대 최고 경영자 과정 수료 |

Jewelry의 신화창조! 세계로 도약하며 2019 AMAEA 우수주얼리상을 수상하다!

〈자격〉 명강의 명강사 1급, 기업교육 강사 1급, 리더십 지도사 1급, 스피치 지도사 1급, 평생교육 강사 1급, 노인교육 강사 1급, 부모교육 상담사 1급, 인성지도사 1급

〈강의분야〉 기업 교육 ,인성 교육, 리더십 교육

M : 010 –5349-5057 E : jewelrymoom7@naver.com

스타클룸, 장신구에서
스마트 주얼리Jewelry를 연결하다

1. 지적 대화를 위한 주얼리(Jewelry)의 넓고 얕은 지식

주얼리를 우리나라 말로 쉽게 표현하면 '귀금속과 보석을 사용한 신변 장신구'라고 할 수 있다. 유럽의 주얼리 디자이너들은 몸 위에 세워지는 작은 건축물이라는 표현을 하기도 한다.

주얼리는 소재와 디자인에 따라 여러 분야로 나누어지는데 파인주얼리, 브릿지주얼리, 코스튬주얼리, 핸드메이드주얼리, 아트주얼리, 빈티지주얼리, 하이엔드주얼리 등이 있다. 파인주얼리는 천연보석인 다이아몬드, 루비, 사파이어 등 보석과 귀금속인 금, 은, 플래티넘 등을 주 소재로 만들어진 주얼리를 말한다.

파인주얼리는 결혼예물이 주요 시장이다. 그 이외에도 다양하게 유통되고 있다. 가격이 고가에 거래된다는 게 파인주얼리의 특징이다. 제품의 소재만으로도 그 가치가 있고 현금성 자산으로써의 가치도 지니고 있다. 브릿지주얼리는 파인주얼리와 코스튬주얼리의 중간 형태로 볼 수 있다. 은Silver, 14K 금Gold을 주로 많이 사용하며, 천연보석보다는 큐빅지르코니아, 크리스탈Crystal을 주로 사용한다. 디자인 측면에서 파인주얼리 디자인과 스타일이 비슷하다. 일부 코스튬주얼리의 디자인 스타일로 생산되는 제품도 있다. 스와로브스키가 브릿지주얼리의 대표적인 예이다. 코스튬주얼리는 가격이 저렴한 금속인 황동Brass를 가장 많이 사용하며, 철Steel, 스텐인레스Stainless Steel를 사용하기도 한다. 스톤의 경우 합성석이나 모조석 또는 플라스틱 비즈를 사용한다. 그 외에도 섬유, 수지, 아크릴, 레진, 플라스틱, 나무 등 다양한 소재를 이용하여 제작된다. 코스튬주얼리는 말 그대로 의상, 패션에 맞춰 주얼리를 착용하는 개념이다. 프랑스의 패션사업가 코코 샤넬이 '모조진주를 이용한 주얼리'를 유통한 적이 있는데 그것이 시초라고 말하기도 한다. 이후 무대소품, 영화소품 등으로 유통되기 시작했으며 생산 단가가 상대적으로 저렴하다는 특징이 있다. 코스튬주얼리는 미국, 유럽, 남미 등이 거대시장을 형성하고 있는데 국내 생산의 60%가 이 지역으로 수출되고 있다. 국내시장은 파인주얼리, 브릿지주얼리를 선호한다. 주로 백색보석을 좋아하며 작고 심플한 스타일을 선호하는 경향이 있다.

최근 해외 주얼리 시장은 다양한 디자인이 대세다. 이런 추세에 발맞추어 국내시장도 디자인의 다양성을 추구하는 트렌드가 형성되고 있다. 이런 다양성 차원에서 최근 몇 년 사이 국내시장에 핸드메이드 주얼리가 빠르게 확대되고 있다. 국내에서는 최근에 그 시장이 커지고 있다. 이는 1인 창업이 많아지고, 생산 유통 판매가 1인 창업으로도 가능한 문화에서 비롯되었다. 이제 소비자는 다양한 디자인의 제품을 만날 수 있고, 주얼리 시장은 선택의 다양성이라는 경쟁구도로 진입하게 되었다.

아트주얼리는 금속공예 작가들이 장신구 영역에서 창작활동을 하면서 만들어진 작품이다. 인사동, 삼청동 등이 이러한 작가들의 주요활동 무대이다. 이러한 장신구들은 각종 전시회를 통해서 만날 수 있다. 전시회라는 제한된 공간에서 대중과 접촉하다 보니 대중적인 인지도는 떨어지는 편이다. 주로 예술 활동에 대한 관심이 많은 사람들을 중심으로 제작 및 판매가 이루어지고 있다. 국내의 유명한 작가들은 해외전시회를 통해 직접 판매하는 경우도 늘어나고 있다.

다음은 빈티지 주얼리다. 빈티지 주얼리라는 용어는 실제 업계에서는 많이 쓰진 않는다. 크롬하츠가 대표적인 예인데 오히려 크롬하츠 스타일이라는 용어가 더 많이 사용되고 있다. 주로 젊은 사람들에게 인기 있는 주얼리이다. 소재는 주로 은Silver을 이용하며 제작은 왁스카빙(왁스 이용 원본 제작. 주물과정을 통해 주얼리를 제작하는 기법)으로 한다. 가격대는 브릿지 주얼리,

파인 주얼리와 비슷한 가격대를 형성하고 있다. 마지막으로 하이엔드 주얼리다. 주로 명품회사라고 하는 브랜드에서 한 정품으로 제작되며 수천만 원에서 수억 원을 호가하는 명품 주얼리를 말한다. 작업자의 이름과 작업시간을 모두 알 수 있으며, 한정판 또는 단 1개만 만들어지기도 한다. 주로 장인의 수작업을 통해서 만들어지며 일반인들이 아닌 노블레스를 대상으로 판매한다.

2. 주얼리의 신화를 써 내려가다

우리의 삶과 오랫동안 밀접한 관계를 맺어 온 주얼리는 필자에게 큰 관심의 대상이었다. 나는 그 관심을 '더주얼리'라는 상품으로 연결했다. 국내 론칭을 시작으로 본격적인 사업을 시작했다. 30년 이상 주얼리 업계에 종사하면서 드라마, 연예인 협력 등으로 영역을 확장시켜 나갔다. 현재는 이런 노력 덕분에 브랜드 이미지가 지속적으로 상승하고 있다.

국내시장은 유명 유통망(롯데백화점 및 행복한백화점, 제주 사후면세점, 프리미엄 아울렛)으로 진출하면서 획기적인 성장을 이루었다. 소비자와 직접 접촉하며 트렌드, 소비성향 등을 파악했는데 이것이 성장의 발판이 되었다. 2014년부터 중국 상해 패션박

람회mode shanghai에 3년 동안 참여하며 글로벌 성장의 기초를 닦았다. 글로벌 트렌드와 판로 개척 등을 배우는 좋은 기회였다. 이후 주얼리의 고퀄리티화를 위해 미국 맨하탄 주재의 〈프리스턴 주얼리〉와 협력계약을 체결했다. 이 계약을 통해 보다 높은 기술력과 신뢰성을 확보할 수 있게 되었다. 2015년에는 국내 주얼리 업계의 최대 행사인 'JEWELRY FAIR KOREA'에 초청되는 영광과 함께 당당하게 나만의 주얼리 브랜드를 선보일 수 있었다.

2018년 법인으로 '스타클룸'을 설립하면서 사업 확장을 시작했다. 'GOOD JEWELRY(굿주얼리)'를 출시하여 홈쇼핑 진출 및 대량유통이 가능하게 되면서 소비자들의 접근성과 대중성을 높이게 되었다. 2019년에는 NICE평가정보(주)로부터 '기술평가우수인증기업'으로 선정되는 괄목할 만한 성장을 이루었다.

3. 주얼리의 신화는 계속된다

나는 주얼리에 대한 철학이 있다. 여성고객을 타깃으로 하여 나만의 주얼리를 지켜가겠다는 소망이 바로 그것이다. 30대부터 60대까지의 여성고객을 타깃으로 세월이 흘러도 변하지 않는 디자인과 소재로 희소성을 지켜가고자 한다. 실버 제품을 주된 소재로 하되 클래식한 디자인으로 도금니켈이 아닌 로듐도금을 원칙으로 한다. 어느새 '굿주얼리'도 역사가 되었다. 주얼리라는 것은 우리가 생각하는 것보다 오랜 역사를 가지고 있다. 주얼리란 어찌 보면 패션 문화보다 먼저 생겼다고 볼 수 있다. 옷이 신변 보호의 차원에서 생겨난 재화라면, 주얼리는 신분과 권력을 나타내기 위해서 생겨났다. 주얼리는 남성들의 치장문화에서 비롯되었다고 할 수 있다. 부족의 추장이 사냥을 나가서 잡은 짐승들, 예를 들면 호랑이나 곰의 이빨과 발톱으로 만든 목걸이나 팔찌. 그것들은 추장의 사냥실력을 말해주는 증거가 되었던 것이다.

세월이 흐르고 어느 날 보석이 발견되기 시작했다. 일반 돌멩이보다 조금 더 색깔이 곱고 반짝이는 돌이 우연히 발견되었던 것이다. 이런 돌은 아름답다는 이유로 귀족들의 소유가 되기 시작했다. 그 아름다움은 사람들의 관심을 끌기에 충분했다. 사람들은 이 보석을 자신의 아름다움을 한층 드러내기 위한 목적으로 사용하기 시작했다. 이후 자신의 신분과 계급, 권력 등을 나타내는 표식으로 사용하게 되었다. 예나 지금이나 주얼리는 착용하는 사람의 신분을 나타내는 중요한 수단이 되고 있다.

주얼리의 획기적인 변모는 중세시대에서 시작되었다. 4세기 초반 로마제국에 기독교가 전파되면서 기독교적 아이콘은 헬레니즘이나 로마시대의 다신교 문화를 박탈하거나 재건하도록 했다. 특히 주얼리에 있어서는 에메랄드, 진주, 사파이어의 사용이 가장 크게 요구되었다. 거기에 얼굴 없는 매매자들을 통해 구입된 색유리의 사용은 이미테이션 보석의 역할을 했다. 사실 그 시대에는 주얼리가 종교의 상징, 혹은 기사들의 문장으로 사용되었다. 이런 스타일은 고딕시대의 건축양식에서 모티브를 따서 주얼리를 만들기 전까지 계속되었다. 중세시대 주얼리는 사랑을 전하는 전령 혹은 기사의 명성을 나타내는 그 시대만의 전유물이었다. 이 시대를 전후해서는 찾아볼 수 없는 유일한 것이라 할 수 있다.

여성의 전유물로 생각되던 주얼리도 점점 더 유니섹스해지고 있다. 여성 주얼리 라인 자체가 볼드해질 뿐 아니라, 어떤 성별이든 구분 없이 걸칠 수 있는 주얼리 컬렉션이 인기를 얻고 있다. 시대의식의 변화도 있겠지만, 3D프린트의 발전이나 다양한 소재의 활용으로 인해 주얼리 활용에 있어 무궁무진한 도전이 가능해진 적도 있다. 사실 주얼리의 젠더리스한 속성은 역사를 거슬러 올라간다. 프랑스의 귀족들은 남성임에도 그 누구보다 금붙이와 보석을 사랑했다. 이집트에서는 남녀 모두가 같은 종류의 장신구를 즐겨 착용했다. 르네상스와 고전시대는 주얼리의 화려함이 극에 달했다. 주얼리가 여성의 전유물이라는 생각 자체는 선입견이다. 주얼리는 젠더를 불문하고 존재한다. 개인의 아이덴티티를 심어주는 키포인트로 작용하고 있었다. 주얼리는 시대의 미래를 더 선진적으로 보여줄 뿐이다. 내가 당장 살아가는 현실은 여전히 젠더리스와는 거리가 멀지만 말이다.

패션주얼리는 제품 간의 경계를 구분할 수 없는 탈경계성, 트렌드, 패션과의 높은 연관성을 지니고 있다. 소비자의 연령대 및 폭넓은 가격대를 구성하는 특성도 가지고 있다. 더불어 다양한 소재를 한계 없이 사용하고 일정한 양식이나 기술에 구속되지 않는 특성도 지닌다. 아르누보, 아르데코, 로맨틱, 오리엔탈, 에스닉 스타일 등 패션주얼리 디자인은 당시의 트렌드에 가장 큰 영향을 받으며 변모하고 있다. 2000년 이후부터 현재까지 선호되는 패션주얼리 디자인은 점점 화려한 형태로 변신을 거듭하고 있다.

4. 주얼리, 스마트 기술을 입다

현대의 기술발달은 다양한 디지털 기기들을 양산하고 있으며, 우리는 점차 삶과 가까워지고 있다. '마샬 맥루안'은 전자시대가 이미 도래했다고 말했다.

일례로 모바일 기기와 연동되어 사용되는 웨어러블 디바이스를 예로 들 수 있다. 문명과 기술은 점점 발달하여 우리의 삶에 더욱 밀착될 수 있는 방향으로 바뀌어 가고 있다. 이러한 사회적 변화와 더불어 최근에 사용되고 있는 용어인 '스마트 주얼리'는 그 개념이 아직 정립되지 않는 새로운 주얼리의 개념이다. 하지만 주얼리를 통해 스마트 디바이스를 우리의 삶에 가장 밀접히 가져올 수 있다는 사실만은 분명하다. 주얼리의 일반적인 개념과 별개로 스마트 주얼리라는 개념은 기존의 주얼리와 IT기술이 융합된 신개념의 기능성 주얼리로 유색 발광체, 센서, 통신 디바이스를 장착하여 색의 변화를 제어하거나 주얼리 간 근접 통신 기능을 가질 수 있다. 또한 기능성 주얼리란 착용자의 의상, 착용 시의 온도, 대기 상태 등을 반영하는 지능형 주얼리라고 언급되고 있다. 즉, IT와 접목된 웨어러블 기기의 기능에 패션성이나 미감을 접목한 것이다.

팔찌형태의 마우스와 모니터 같은 새로운 요소의 스마트 주얼리는 오늘날 새로운 개념으로 우리 생활과 밀접해지고 있다. 스마트 주얼리는 실생활에 밀착되어 기기를 활용할 수 있도록 신체 착용성이 높아졌다. 장식적 요소를 함께 누릴 수 있도록 하는데 목적이 있다고 하겠다.

주얼리에 대한 새로운 형태의 개념들을 수용하고 포용한다면 어떨까. 그렇게 된다면 주얼리 영역이 보다 다채로워질 수 있을 것이다. 주얼리와 관련된 새로운 시장과 문화를 설정해볼 수도 있을 것이다. 이를 통해 넓게는 주얼리 산업의 새로운 활력소를 고민할 수 있다. 주얼리 디자이너들의 활동 영역도 넓어지게 될 것이다. 보다 열린 마음으로 주얼리 부분의 활기찬 도약과 발전을 기원한다.

O-ella

스타클룸의 인포모셜 신규 브랜드

명강사 11기 교육위원장 조재문

LIBERTAS
JUSTITIA
VERITAS

| 9209국민연금노후준비연구소 소장,
노후준비·국민연금·국가연금 전문 |

노후소득은 현재 재산을 연금으로 바꾸자!
국가 주관 연금(Pension Tree) 활용하자!
물가 따라 오르는 공적연금, 주택연금, 농지연금, 기초연금 등 활용

법학–사회복지학–장수과학 공부, 국민연금공단 지사장 역임(32년 재직)

〈자격〉 사회복지사 1급, 노후준비상담사, 명강의 명강사 1급, 평생교육강사 1급,
노인교육강사 1급

M : 010-2420-9209(= 국민연금) E : jojmun@hanmail.net
F : www.facebook.com/jmun.cho
B : http://blog.daum.net/jojmun(daum 검색창 '국민연금 조재문')

노후평생월급,
국민연금에 있다

1. '9209'를 아시는 분?

강의할 때마다 질문하곤 한다. '9209를 아시는 분?' 여기서
말하는 '9209'란 국민연금을 뜻한다. 1988년 국민연금이 시
행되던 해에 국민연금공단에 입사하여 벌써 32년이 흘러 정
년퇴직했다. 1997년 처음 휴대전화를 만들 때 휴대폰 번호
를 무엇으로 할까 고민하다가 국민연금을 숫자로 나타낼 수
있는 '9209'로 정했다. 국민연금은 나에게 모든 것이었다. 공
단 입사 후 결혼도 하고 아들과 딸도 낳았다. 입사 후 10년간
국민연금법을 해석하여 연금급여지급지침을 만드는 일을 담
당한 것은 국민연금제도와 법에 대한 이해를 내게 안겨 준 큰
자산이었다. 국민연금을 간직하고 싶은 마음에 '9209'를 평생
갖게 되었다.

2. 나는 국민연금에 빠져들었다

법학을 전공한 나는 입사하고 바로 국민연금법을 해석하여 지침을 만드는 일을 맡았다. 이 지침에 오류가 생기면 다수의 과오지급이 발생하기 때문에 신중할 수밖에 없었고, 모든 지침을 만들기에 앞서 검토서를 작성했다. 검토서는 공무원연금, 민법, 일본 후생연금지침 등을 참고하고, 일관성 유지를 위해 과거 지침을 살펴서 작성했다.

검토서가 만들어지면 담당인 나와 차장, 부장이 토론에 들어간다. 검토서는 법적인 관점에서 만들어지는데 부장은 일반 상식에 근거한 논리에 강하고, 차장은 특이 사례를 만들어 적용하면서 검증하는 역할을 했다. 계급장을 떼고 하는 토론이 되기도 했는데 '그런 법'이 어딨냐는 말이 많이 나왔다. 그래도 국민연금법을 해석하여 행정지침을 만드는 것인데 '그런 법'을 설득하는 것이 정말 어려웠다. 이렇게 만들어진 지침은 국민연금 급여의 토대를 만드는 데 초석이 되었다.

연금과 일시금의 중복조정, 자살한 경우 유족연금 지급, 사실혼 인정 범위, 손해배상을 받은 경우 연금지급정지, 생계유지 인정, 소멸시효 및 기간계산에 대한 민법 적용, 미지급 급여 범위 등을 지침으로 정하는 것이었다. 특히, 연금과 일시금 중복조정 문제는 복지부와 1년 반 동안 질의회신을 거듭하면서 조율하기도 했다.

국민연금 시행 초기에는 가입자가 사망하면 그 유족에게 유족연금을 지급하게 되는데 유족의 범위는 60세 이상 부모 등 연령 요건이 있어 60세 미만 부모에게는 유족연금을 지급하지 않았다. 당연히 망자가 낸 보험료를 내놓으라는 거센 민원이 많았다. 이를 해결하기 위해 1995년 국민연금이 농어민으로 적용대상을 확대할 때 사망일시금제도를 도입하여 60세 미만 부모에게 장례비 정도의 일시금을 지급했다. 사망일시금제도는 연금을 지급하여 노후생활을 보장하는 국민연금제도 취지와 맞지 않아 담당자로서 반대하였지만 눈물을 머금고 기안을 하는 수밖에 없었다. 사망일시금제도 등 국민연금제도를 이론적으로 공부하고자 행정대학원 사회복지학과에 입학하는 계기가 되었다. 석사학위 논문으로 '국민연금 사망일시금제도의 개선방향에 관한 연구'를 써서 이론적으로 검토하였다.

지침을 만들 때마다 신중을 기하기 위해 검토서를 작성하는 과정은 고난의 연속이었다. 당시 임흥달 재정이사가 구해준 『日本 厚生年金 通達(일본 후생연금 통달)』이란 두꺼운 원서를 해석해야 했는데, 한자는 어느 정도 알았기 때문에 일본어 접속사와 접미사를 알면 해석은 가능할 것 같았다. 인천 집에서 서울시 충무로에 있는 공단 본부까지는 편도 1시간 50분걸리는 거리였다. 아침에 1시간 일찍 출근하여 『나가누마 표준일본어 교본』으로 공부했다. 일본어는 '그러지 아니하다고 보지 아니할 수 없다.' 형태의 2중, 3중 부정 문장이 많아 결과적으로 그것이 긍정인지 부정인지 알기 어려운 경우가 있었다. 조사부의 일본어 전공자에게 자문을 받아 해석의 정확성을 기했다.

당시 조사부의 고故 이용천 차장은 일본어를 잘하고 일본 연금제도 번역에 있어 공단에서 1인자였다. 입사동기로서 일본 연금 해석의 자문을 많이 해줬다. 공단에서 그를 일본으로 유학을 보내주기도 했다. 하지만 안타깝게도 교통사고로 사망하여 아쉬움이 컸다. 고인의 명복을 빈다. 그런데 유학 당시 알았던 일본 후생성 사무관이 조문을 와서 많이 놀랐다. 이 입사동기는 내게 한 분야의 전문가가 되라는 가르침을 주었다. 공단에서 어느 분야의 독보적인 존재가 된다는 것은 하나의 '꿈'인 것이다. 나도 그러려고 노력했고, 후배들에게도 그리 할 것을 권유했다.

국민연금연구센터에서 조사담당을 하면서 해외연금 자료를 많이 접하였다. 특히 일본의 경우 후생연금은 우리 국민연금법 제정 당시 영향을 끼쳐 참고할 점이 많았다. 『週間 社會保障(주간 사회보장)』 등 자료를 정기구독하고 있었는데 연금에 대한 관심이 많아 보였다. 일본의 『社會保障行政法(사회보장행정법)』은 민법을 후생연금법에 적용하면서 발생하는 문제들을 법적으로 잘 설명하고 있었다. 법학도인 나는 우리나라의 '국민연금행정법'을 언젠간 써야겠다는 생각을 했다.

3. 노후준비 전문가의 길을 찾다

2004년 국민연금연구센터에서 해외연금 조사에 한창 재미를 붙일 무렵인 5월. 사이버상에 '국민연금 8대 비밀'이라는 글이 퍼지면서 국민의 불만이 커져갔다. 이른바 '국민연금 안티사태'가 발생한 것이다. 사적연금 기준에서 공적연금을 보는 오해에서 비롯된 것이다. 국민연금공단은 국민에게 국민연금을 올바르게 알려야 한다는 판단으로 국민연금교육기획단을 만들었다. 공단은 국민에게 국민연금을 설명하는 일에 전사적 역량을 다했다. 국민과 얼굴을 맞대고 국민연금을 설명하고 대화를 나눈 것은 이때가 처음이었다. 이 역경은 국민연금이 국민과 대면하며 함께 가야 한다는 교훈을 주었다.

나는 그해 6월 24일, 국민연금교육기획단 설립요원으로 차출되어 1년간 한시적으로 운영된 교육단에서 강사로 활동했다. 서강봉 단장은 7명의 강사요원을 차출하였지만 모두 강사 경험도 없고, 강사교육도 없었다. 다만, 국민연금을 바르게 알려야 한다는 열정은 강렬했다. 우선 교육교재를 만드는 작업을 했다. 그리고 그 교재는 각 지사에 1명씩 선정된 강사들에게 지급되었다. 이렇게 급히 하다 보니 강사가 교재를 읽고 갔다는 등의 항의가 들어오기도 했다.

국민연금교육기획단의 강사 7명은 전국을 7권역으로 나누어 국민연금교육을 했다. 나는 충청-강원권을 맡아 공무원교육원과 대학교와 컨설팅사를 통한 은행, 보험회사 등의 퇴직예정자 지원프로그램에 참여하여 국민연금을 설명했다. 충북공무원교육원에서는 3시간 동안 공무원을 대상으로 국민연금을 설명하는 교육임에도 집중도가 높고 구체적 질문들이 이어졌다. 그 이유를 물어보니 공무원 급여가 적어 배우자 대부분이 회사에 다니거나 자영업을 하기 때문이란다. 공무원은 국민연금 적용대상이 아니지만 그 배우자가 국민연금 적용을 받으니 결국 국민연금은 전 국민을 대상으로 하고 있는 셈이다.

국민연금교육은 당시 논의가 활발했던 노테크를 국민연금에 접목하여 외연을 넓혔다. 노테크는 노후소득준비에 관심을 가지고 준비해야 하는데, 국민연금이 중심이 되어야 한다는 것이다. 국민연금공단이 현재 수행하고 있는 노후준비서비스가 태동한 것이다. 국민연금교육 강사를 하면서 국민을 대면하여 설명하는 것이 무척 중요하다는 것을 알게 되었다.

이에 공감하였기 때문에 나는 국민연금노후준비교육은 계속 하겠다고 다짐했다. 이러한 방향 설정이 효과를 보았던 것일 까. 그 후 '뜻이 있는 자에게 길이 있다'라는 말이 실감날 만 한 일이 많이 생겨났다.

노후준비 전문가가 되기 위해선 외연을 확대해야 한다. 외 연확대를 위해 서울대 노화고령사회연구소가 개설한 '장수 과학최고지도자과정'에서 장수과학을 공부했다. 우리나라 100세학의 대가이신 박상철 서울대학교 의대 교수가 소장으 로 있는 과정이다. '장수과학'은 노화, 노년건강, 미래식품, 장수사회학, 은퇴설계 등을 다루었다. 여기서 알게 된 서울대 학교 평생교육원 신재홍 교수를 보조하여 OER(공개강좌)을 촬 영하여 한국방송통신대 프라임칼리지에 게재되기도 했다. 다 음 해에는 주 강의를 의뢰받고 4050세대의 사회보장으로 건 강보장과 소득보장을 녹화했다. OER을 녹화하면서 긴장을 했는지 대상포진을 앓기도 했다.

중년의 사회보장 제도 바로알기
4050세대, 사회보장으로
소득보장하자
조재문 국민연금관리공단 양천지사장

한국방송통신대 프라임칼리지 OER(공개강좌)

국민연금공단은 2003년 노테크와 2004년 국민연금 안티 사태 직후 국민연금 교육을 결합하여 노후준비교육을 시작했다. 사내 자격증으로 노후준비상담사 제도를 도입하는 등 기반을 다져갔다. 노후준비상담사 자격증도 이 무렵에 취득했다. 교육단 종료 후 배치 받은 영등포지사에서 관내 여의도에 소재하는 KBS에 정기강의를 섭외하여 연 4회 KBS 퇴직 지원 프로그램에 국민연금을 2시간 강의하였다. 이때 이 프로그램을 담당하면서 깐깐하게 챙긴 담당자가 최근에 우연히 고등학교 후배란 사실을 알게 되었다. 세상이 참 좁다는 말을 실감했다. 이 강의는 현재까지도 계속되고 있다.

노후준비서비스에 어느 정도 관심을 갖고 역량을 키워가면서 우리나라의 노후준비서비스사업 체계화를 구상했다. 우선 노후준비서비스사업에 상담과 교육이 혼재되어 개념 정립이

나 사업 추진에 어려움이 많았다. 노후준비서비스사업은 상담과 교육을 구분하여 진행시켜야 했다. 교육이 상담을 견인하면서 발전시켜 나가야 하는 것이다. 본부 노후준비지원실 조직도 상담과 교육을 분리했다. 기존에 있던 '기획-운영-콘텐츠개발' 시스템을 '기획-상담-교육' 시스템으로 개선했다. 4년에 걸친 건의와 제안의 결실이었다. 일대일 상담과 일대다수 교육을 한 부에서 수행하기에는 한계가 있었기 때문이다.

노후준비서비스는 지방자치단체와 함께하는 시스템을 가져야 한다. 이 구상을 펼쳐 보고자 본부에 제안서도 내고, 노후준비지원실 근무를 신청하기도 하였으나 기회가 주어지지 않았다. 내가 구상한 노후준비서비스를 전국 단위로 펼치는 것은 어려운 일이었다. 때문에 현재 위치에서 실현시키고자 노력했다. 지사장이 되고나서야 그 바람이 구체화되었다.

2013년 지사장이 되자 관내 연금수급자를 초청하여 '성공하는 노후준비 강연회'를 매년 실시했다. 비용은 본부에 요청하여 지사 특화 사업으로 지원받았는데 4번 실시하고 지원이 중단되었다. 강연회는 명강사 강연과 성공적인 노후생활사례 2건 소개, 건강검진 기관의 협조를 받아 무료 건강검진으로 구성했다. 명강사는 김오곤 한의사, 이계호 교수, 조용헌 동양학자, 양소영 변호사가 참여해주었다. 성공적 노후생활 사례는 사례소개와 공연이 함께 이루어졌다. 관악GG밴드(70대

여성그룹), 정승재 최고령 변검술사, 양천어르신복지관 아코디언연주단, 안재희 마술사, 함현 실버밴드동아리, 주진순 마술사, 잉글로밴드, 국민연금수급자모임 최경자 부회장이 참여해주셨다. 이분들의 노후는 열정에 차 있었다. 그 모습이 아름답게 보였다. 국민연금과 노후준비 업무를 하는 보람을 느끼게 해 주는 장면이었다.

시흥지사장으로 재직 시 시흥시와 노후준비지원법 시행관련 간담회를 개최했다. 이후로 시흥시는 노후준비서비스에 대한 각별한 관심과 협력을 보였다. 시흥시는 관내 기관장 모임을 이례적으로 시흥지사에서 개최할 정도로 노후준비사업에 적극적이었다. 시흥지사를 '시흥시 도농연대 발전전략 정책플러스 학습모임'에 참여시키기도 했다. 이러한 과정들은 시흥지사가 '시흥지역노후준비서비스협의회'를 전국에서 처음으로 조직하는 데 밑거름이 되었다. 노후준비 주관기관으로서 국민연금이 상호연계의 주축이 되어 각 기관 노후준비 관련 서비스 및 교환 가능 서비스를 조사하여 공유했다. 공단과 지방자치단체가 노후준비사업을 함께하는 실천을 한 것이다. 이 사례는 2018년 4월 공단이 전국 20개 노후준비 전문기관이 참여하는 '노후준비지원 중앙협의체'를 출범하는 데 토대가 되었다. 노후준비서비스 발전을 위한 하나의 밀알이 된 기분이었다.

4. 노후소득준비, 연금나무Pension Tree로 준비하자!

영국의 사회학자인 피터 라슬렛Peter Laslett은 생애를 4기로 나누었다. 그는 3기 인생을 은퇴의 시기라고 하면서 하고 싶은 일을 하는 시기라고 했다. 하고 싶은 일의 목록에는 어떤 것들이 있을까. 연구, 공부, 봉사, 종교 활동 등 다양할 것이다. 일본 작가 시오미 나오키塩見直紀는 자신의 저서 『반농반X半農半X의 삶』에서 이렇게 말하고 있다. 자연 속에서 자급자족하며 좋아하는 일을 하며 살라고 말이다.

3기 인생에서 하고 싶은 일을 하며 살기 위해선 노후소득, 즉 돈이 필요하다. 한때 노후소득으로 '10억 만들기'가 유행했었다. 요즘은 '월 연금 500만 원 만들기'로 추세가 바뀌어가고 있다. 목돈과 부동산은 노후소득으로 연결되기가 쉽지 않기 때문이다. 자녀와의 갈등도 우려된다. 하지만 연금으로 노후소득을 준비하면 살아 있는 동안 연금이 나온다. 그렇게 된다면 부모들이 건강하게 오래 살기를 바라는 자녀들의 바람도 간절해지지 않을까?

어느 날 40대 중반 부부가 국민연금노후준비지원센터를 찾아왔다. 그들은 내게 "국민연금을 어떻게 하면 많이 받을 수 있나요?"라고 물어왔다. 자신의 노후를 어떻게 준비할 것인지 고민할 나이니 그런 질문은 자연스러운 것이었다. 연일

뉴스에 국민연금 임의가입자 33만 명, 임의계속가입자 49만 명, 추후납부 14만 명, 반납 13만 명, 연기연금 2만 명 등 국민연금을 많이 받기 위한 사례가 보도되고 있기 때문이다.

노후준비를 젊어서 일찍 시작하면 좋을 것이다. 하지만 모두가 노후준비를 하고 있진 않은 모양이다. 2017년 통계청 자료를 보면 19세 이상 국민들 중에 65.4%만이 노후준비를 하고 있다고 한다. 노후준비가 덜 되었더라도 방법은 있다. 60대일지라도 평생 모은 자산을 활용하여 노후소득으로 만들면 된다. 설령 그 소득이 적게 느껴지더라도 지출관리를 잘하면 훌륭한 대비책이 될 수 있다.

노후소득은 목돈이 아닌 연금나무Pension Tree로 준비하여야 한다. 사망할 때까지 일하지 않아도 매달 월급이 평생 지급되는 '연금나무 과일'을 만들어야 한다. 연금을 노후소득으로 준비할 때 국민연금이 1순위인 것은 분명하다. 의무가입이기에 모든 국민이 적용대상이기도 하고, 우리나라에서 유일하게 물가가 오르면 그에 따라 연금을 올려주는 실질가치를 보장하기 때문이다. 과거 20년 동안 연 평균 물가상승률은 2.445%이다. 이를 미래 20년에 적용하면 60세 때 100만 원으로 80세 때는 62만 원으로 줄어든다. 나이가 많을수록 의료비 등의 지출이 늘어나는데도 말이다. 노후평생월급으로 국민연금 비중을 최대화해야 하는 이유이다.

연금나무 Pension Tree 평생연금 - 정부정책

私的年金 / 公的年金

농지연금(2011년)

장애인연금(2010년)
기초노령연금(2008년)
→ 기초연금(2014.7)

주택연금(2007.7월)

퇴직연금(2005.12월)

기초생활보장(2000년)

(BH)저출산고령사회위원회 발족
(2005.9월)
저출산고령사회기본법 제정
(2005.6월)
(BH)고령화및미래사회위원회 개편
(2004.2월)
(BH)인구고령사회대책팀 구성
(2003.10월)

개인연금(2001년)
즉시연금(2000.9월)

국민연금(1988년)

별정우체국직원연금(1982년)
사학연금(1975년)
군인연금(1963년)
공무원연금(1960년)

自 助(보험료납부 또는 담보제공) / 公的扶助(세금)

더 나은 노후생활을 위해 현재 상태에서 연금나무Pension Tree의 연금을 활용하는 방법이 있다. 통계청 2016년 자료에 의하면 60세 이상 노인 가구 주택소유비율이 66.7%라고 하나 '집을 보유한 가난한 사람House Poor'이 많다는 점에서 주택연금을 활용할 필요가 있다. 시가 3억 원 주택 소유자가 60세에 주택연금에 가입한다면 그 집에 살면서 매월 59만 5천 원을 받는다. 농지연금의 경우도 영농경력 5년 이상이고 공시가 3억 원 농지를 소유한 농민이 65세에 가입한다면 그 땅에서 농사를 지으면서 매월 110만 원을 받는다. 별 소득이 없지만 목돈이 있다면 즉시연금이 있다. 60세에 1억 원을 가입하면 매월 38만 원을 받는다. 또한 정부에서 65세 이상 노인 중 소득 하위 70%에게 지급하는 기초연금이 있다. 기초연금은 소급되지 않고 신청한 때부터 지급되므로 65세 생일이 되면 곧바로 신청할 필요가 있다.

5. '9209 국민연금노후준비연구소'에서 은퇴를 즐길 것이다

   나는 국민연금에서 32년을 재직하고 퇴직했다. 퇴임의 소감을 '설렘'으로 설명했다. 국민연금 안티사태 이후 '국민연금으로 노후준비하자'를 널리 알려야겠다고 결심하면서 국민연금과 노후준비 전문가가 되려고 15년 동안 준비해 왔다. 그래도 새 출발은 여전히 나를 설레게 한다.

   퇴직 당시의 설렘을 가슴에 안고 '9209 국민연금노후준비연구소'를 설립했다. '국민연금으로 노후소득을 준비하자'를 슬로건으로 체계적 연구와 교육을 하여 국민의 노후준비에 도움이 되고 싶다. 연구를 위해 국민연금 또는 노후준비 토론회에 참석하여 최신 정보를 얻고 있으며, 학회에 참여하여 좀더 배우고자 한국사회보장법학회에 가입했다. 강의를 제대로 하여 전달력을 높이고자 '고려대명강사최고위과정'에서 강의기법을 공부했다.

   국민연금공단에서 32년 동안 재직한 실무를 기반으로 이론을 공부하여 국민연금학으로 정리해보고자 한다. 실무경험 있는 전문가도 있을 법하지 않은가? 국민연금은 '더불어'

의 연대를 중시하는 제도이다. 국민연금의 공정성 기준은 무엇인지? 더불어의 연대 범위는 어디까지인가? 지속가능성은 충분한가? 다른 노후소득보장제도와는 어떻게 조화하여야 하는가? 등등 궁금한 점이 많다.

우리나라의 노후준비서비스는 아직 시작에 불과하다. 다행히 2015년 12월에 '노후준비지원법'이 시행되었다. 국가가 전체적으로 방향을 제시하고, 민간에서 시도되는 프로그램들을 조정하여 시너지를 이뤄낼 필요가 있다. 국민들이 좀 더 일찍 노후준비를 시작하고, 노후준비를 든든히 한다면 국가 측면에서도 고령화에 따른 노인정책을 유연하게 할 수 있을 것이다.

퇴직의 설렘이 인생의 보람으로 마무리 될 수 있도록 정진할 것이다.

KOREA UNIVERSITY

제3장 # Happiness

행복

명강사 11기 재무국장 김연숙

| 대한통신공사 대표, 동기부여가 |

내 안에 소중한 내가 또 있다.
세상의 여자들을 위한 김연숙의 성공기를 전수 받아라!

〈자격〉 명강의 명강사 1급, 기업교육 강사 1급, 인성교육 전문가, 부모교육 상담사
1급, 리더십지도사 1급, 평생교육강사 1급, 대한노인회 전문강사, 한국
가정폭력 상담사, 성폭력 상담사, 스피치 지도사 1급, W스피치 커뮤니케
이션 전문강사, 생명존중전문강사

〈강의분야〉 동기부여, 소통교육, 리더십, 생명존중, 인성교육

M : 010-3929-5958 E : jumami1@naver.com

40대, 장바구니 대신
캐딜락을 몰아라

1. 여자는 매 순간 변신한다

나는 내가 여성이라는 사실이 행복하다. 자식이 딸만 둘인 것도 내겐 축복이다. 결혼 후 시부모님을 모시고 사는 동안에는 이 행복을 미처 깨닫지 못했다. 20년이 넘는 세월을 아이들의 엄마로, 아내로, 며느리로 살았다. 여자로서 이름에 맞는 나로 매순간 변신해야 하는 것은 어쩌면 운명과도 같았다.

나는 치열하고 바쁘게 20대를 보냈다. 지금의 남편이 아니었다면 난 아마도 50대를 바라보는 독신녀로 살았을지도 모른다. 결혼과 동시에 시부모님과 함께 생활하는 하루하루는 만만치 않은 일이었다. 그때 당시 나는 어렸고 아무것도 할 줄 아는 게 없는 철없는 며느리였다. 모든 면에서 완벽하신 어머님은 당신 눈에 내가 차지 않으셨다. 하지만 그 시간들이 없었다면 지금의 나도 없었을 것이다. 아이들에게 한글을 가르치던 일, 열이 펄펄 끓는 아이를 안고 울며불며 병원을 오가던 일. 그런 경험은 오로지 부모만 체험가능한 일이다.

남편은 30대에 사업을 시작했다. 가끔씩 옥상에 혼자 올라 담배를 피우던 그 쓸쓸했던 뒷모습은 지금도 잊을 수 없다. 남편은 너무도 과묵한 타입이었다. 사업이 자리를 잡아갈 때까지 남편은 단 한 번도 힘들다는 소리를 한 적이 없다. 그 시절 홀로 서기 위해 수많은 불면의 밤을 보내는 남편을 보며 듬직한 믿음을 쌓았던 것 같다. 고된 시집살이가 없었다면 일찍 돌아가신 친정 부모님의 소중함과 감사함을 이리 절절하게 느끼지도 못했을 것이다.

40대 중반을 넘어서야 깨달았다. 삶은 늘 변하고, 그 삶에 따라 나의 정체성도 바뀐다는 사실을 말이다. 이제 아이들은 성장했고, 남편은 자리를 잡았다. 나도 지금 이렇게 나름대로 안정적인 생활을 하고 있는 것에 감사하다.

얼마 전 마트에 갔다가 우연히 아는 선배를 만났다. 계산을 하려고 줄에 서 있을 때였다. 멍하니 서 있는데, "연숙, 계산 안 하니?" 하는 목소리가 들려왔다. 소리가 나는 쪽으로 고개를 돌리니 그곳엔 아는 얼굴이 서 있었다. 선배였다. 계산대에 서 있던 직원이 선배였던 것이다. 선배를 보고 어찌나 놀랐는지 모른다. 내 기억 속의 그녀는 항상 예쁘고 당당했었다. 따끔한 충고나 지적을 해대는 통에 난 선배를 좋아하지 않았다. 새침하게 할 말 혼자 다 하고 휙 돌아서는 선배가 늘 아니꼬왔다. 그런데 마트 계산원이라는 직업은 그런 그녀와는 어쩐지 어울리지 않았다. 내 기억 속에 선배는 부잣집 공주님 같기만 했는데…. 그 선배가 계산대에 서 있는 모습이 어찌나 낯설고 생경하던지. 서로 마주본 채 어색한 웃음을 지으며 계산을 마쳤다. "언젠가 한 번 볼 줄 알았어. 다른 애들도 너처럼 놀라더라. 이젠 익숙해." 선배가 그렇게 말했다. 집으로 돌아오며 나는 선배를 떠올렸다. 마트 사원복을 입은 선배의 모습이 내겐 꽤 강한 인상으로 남았나보다. 쉽사리 잊혀지질 않았다. 저 선배가 시집을 엄청 잘 갔다고 하던데, 이상하다. 남편이 부도라도 났나? 이혼을 했나? 사별을 했나? 선배의 모습이 남의 일이 아니라는 생각에 가슴이 철렁했다. 만일 내게 그런 일들이 닥쳐온다면 난 어떻게 해야 할까? 당장의 생계가 나에게 달렸다면 난 무슨 수로 직업을 찾아야 하나? 혼자만의 힘으로 아이들을 키우며 남은 삶을 살아야 한다면 난 어떻게 해야 할까? 이런저런 생각이 들었다.

　인터넷을 켜고 경단녀(경력단절여성)가 취업가능한 곳을 검색했다. 마침 KBS뉴스에서 다룬 사례가 있었다. 40대 여성의 사례였다. 외국에서 승무원으로 10여 년간 일했던 여성은 한국으로 돌아와 직업을 찾으려고 구인란을 기웃거렸다. 한참을 기웃거리던 여성은 실망할 수밖에 없었다고 한다. 나이에 따른 고용차별 금지법이 있음에도 불구하고 정규직은 물론 비정규직조차 퇴짜를 놓는다는 사연이었다. 이것이 오늘날 기혼 여성들의 현실이었다. 아무리 화려한 과거시절을 보냈던 여성이라도 당장의 우리나라에서 직업을 갖는다는 것은 결코 만만한 일이 아니었다.

2. 굿바이 아줌마, 헬로 팜므파탈

왜인지는 모르지만, 남편이 사업을 시작하면서 내 이름으로 사업자 등록을 냈다. 그다지 큰 의미가 있다고는 생각하진 않았다. 그로부터 몇 년이 흐른 후 남편은 내게 뜬금없이 부탁했다. "폴리텍 대학 다니면서 자격증 하나만 따 주라." 내가? 나는 어쩐지 자신이 없었다. 그래도 일단 해보자는 생각으로 대학을 다니기 시작했다. 그곳에서 자격증 공부를 했고, 결국 합격했다. 그때 당시 뭘 배웠는지 지금은 기억조차 희미하다. 다시 생각해도 나도 내가 기특하다. 남편의 부탁은 거기에서 그치지 않았다. 그 다음은 여성기업인 인가를 내자는 제의를 해 왔다. 시부모님을 모시며 아이들 키우기가 전부였던 나는 정말 자신이 없었다. 자격은 모두 갖추었으니 실사만 통과하면 된다는 남편의 사탕발림에 속아 실사를 받게 되었다. 실사를 나온 전문가는 너무나 꼼꼼했다. 생각지도 못했던 기술적인 부분부터 전반적인 경영까지, 내게 질문을 할 때마다 나는 대답하느라 진땀을 뺐다. 결국 실사에서 탈락하고 말았다. 당연한 결과였다.

1년 후 재실사를 신청했다. 나는 사무실 업무를 파악하고, 현장에도 나가보며 '두고 보자'라는 오기를 품었다. 현장에 나간 나는 그곳에서 일하고 있는 남편을 보고는 무척 놀랐다. 통신공사업에 여성 기업이 흔하지 않은 이유도 알게 되었다. 남편은 프로 엔지니어면서 사업가였다. 남편을 따라다니면서 사업을 너무도 안일하게 생각했던 나 자신이 부끄러웠다. 저런 남자가 내 남편이구나, 남편이 듬직하게 여겨지기도 했다. 결국 남편은 엔지니어로 현장에서 일하고, 나는 사무실을 관리하며 영업을 담당하는 것으로 역할을 나눴다.

역시나 깐깐한 전문가가 재실사를 나왔다. 나는 내가 아는 것을 대답하고 과감하게 "개인주택에도 설치 가능하니까 한번 설치해 보시겠어요?"하고 물으며 견적을 내 주었다. 분위기는 화기애애했고, 이런 방식의 경영은 무척 합리적이라는 평가를 받았다. 마지막으로 질문과 대답을 녹음하면서 실사를 끝냈다. 여성기업 인가 합격이었다. 그날 여성기업 인가를 받고 환하게 웃던 남편의 얼굴을 지금도 잊을 수 없다.

나는 '여성기업인협회'에도 가입했다. 매달 있는 모임은 언제나 즐겁고 유익했다. 그 일로 인해 내 정체성에 변화가 찾아왔다. 모임을 거듭할수록 가슴은 뛰었다. 해마다 해외연수에 함께 참여하고, 골프모임에 가입하기 위해 골프를 시작하기도 했다. 하지만 어딘지 모를 불안감도 커져갔다. 여성기업을 실제로 경영하면서 나는 종종 부끄럽기도 했다. 뼛속까지 사업가인 그분들 틈에서 나는 남의 옷을 걸친 듯한 이질감마저 느꼈다. 각 기관장분들과 함께하는 연초, 연말 행사 때에는 남편을 대신해 서 있는 마네킹이 된 듯했다.

난 내게 어울리지 않는 변신을 시도했던 것이다. 나는 서류상으로만 보자면 '경력단절여성'이 아니었다. '여성기업인'이라는 문건을 얻었기 때문이다. 하지만 무늬만 기업인이지, 실상은 그저 경단녀에 불과한 사람이었다. 이런 사실을 새삼스레 자각했다. 매사에 빈틈없고 실수가 적은 그분들 틈에서 많은 것을 배우고 느꼈다.

나보다 나이가 한참 많은 그분들을 보며 연륜의 무게를 새삼 실감했다. 그분들은 나와는 확실히 뭔가 달랐다. 그분들은 사업을 즐기고 있었다. 그때부터 나는 내가 타고 다니는 자동차 캐딜락이 너무 크고 버겁게만 느껴졌다. 분수에 넘치는 자가용을 끌고 다닌다는 생각이 든 것이다. 차츰 고민에 빠지기 시작했다. 내가 좋아하는 일을 하고 싶다는 열망도 커져만 갔다. 그분들처럼 온 마음을 다해 빠져들 수 있는 내 일과 내 삶을 찾고 싶었다.

3. 세련된 매력이 최고의 경쟁력이다

나는 나 자신에 대해 생각하기 시작했다. 나의 개성과 이미지에 대해 고민하고 싶었다. 남들이 내게 느끼는 호감은 어떤 것인지, 어느 때 내가 가장 행복한지에 대해 고민하고 메모했다. 그동안은 가족을 돌보는 일에 최선을 다하며 살았다. 이젠 가족보다도 나 자신을 돌보며 살아보기로 했다.

첫인상은 중요하다. 사람은 누군가를 평가할 때 첫인상으로 약 80%를 판단한다고 한다. 이 첫인상은 쉽게 바뀌지 않는다. 상대방과 무려 60번의 만남, 40시간 이상의 시간을 함께 보내야만 바뀔 수 있다고 한다. 요즘 시대에는 첫인상이 거의 마지막 인상이 될 수도 있는 것이다. 인간은 혼자서는 살아갈 수 없는 존재다. 매 순간 누군가와 첫인상을 나눌 수밖에 없다. 사람의 얼굴은 개인의 생각이나 심리상태 등이 나타나는 곳이다. 얼굴 표정은 안면 전체에 퍼져있는 80여 개의 근육에 의해 조절된다. 호감을 줄 때에는 17개 정도의 근육이 움직이고, 거부감을 줄 때에는 43개나 되는 근육이 움직인다고 한다. 17개의 근육, 이 근육을 얼마나 자주 사용하는가가 곧 첫인상을 좌우한다고 말할 수 있다.

일단 첫인상으로 상대방에 대한 호감을 얻었는가. 그렇다면 이 호감을 나의 매력적인 경쟁력으로 만들어야 한다. 나에게 있는 다양한 성격, 취향, 능력에서 가장 매력적인 장점들만 골라 그것을 세련되게 다듬는 것이다. 내가 어떤 정체성(아내, 엄마, 며느리 등)으로 생활하든 늘 나를 살펴볼 필요가 있다. 나를 계발하지도 않고 세상이 나를 알아봐주지 않는다고 원망하며 소중한 삶을 낭비하는 것은 이제 그만두자! 나에게 많은 사람들이 갖고 있는 호감을 강력한 매력으로 특화해야 한다. 내가 하고 싶은 것과 내가 잘할 수 있는 것을 명확히 구분 지을 줄 알아야 한다. 그래야만 남의 옷을 걸친 듯한 어색함을 극복할 수 있다. 나의 장점을 열거해보자면 이렇다. 나는 웃음이 많다. 나는 처음 보는 사람과 금세 친해질 수 있다. 나는 말투가 다정하다. 나는 세련된 스타일이라는 말을 자주 듣는다. 나는 책을 좋아한다. 나는 목소리가 좋다. 이 장점들로 나를 특화하면 그것이 나의 경쟁력이 되는 것이다. 이미 아줌마가 되어 버렸다며 현실에 안주하지는 말아야 한다. 시부모님을 모시며, 아이들을 키우며, 남편을 뒷받침하며 만들어진, 내면에 쌓인 그 누구도 갖고 있지 않은 수많은 장점이 내 안에 가득하다. 그 장점들은 나로 하여금 어느 누구와도 소통할 수 있게 만든다. 소통은 공감한다는 것이고, 공감을 느끼면 깊은 호감을 갖게 된다.

이제 나를 '이미지 메이킹'하는 것이다. '이미지 메이킹'이란 '자신의 본질을 바탕으로 상황에 걸맞는 최상의 이미지를 만들어 가는 의도적인 변화과정'이라고 한다. 겉으로 드러나는 이미지는 반드시 내면의 얼굴을 반영한다. 인성이 얼굴의 표정을 만들고, 행동을 만드는 기본이 된다. 나는 그간 내 변신의 과정에서 겪었던 수많은 경험이 내 인성을 만들었다고 생각한다.

다음은 방송인 백현주 씨가 제시한 이미지 메이킹 팁이다.

1) 나 자신을 알자
2) 롤모델을 벤치마킹하자
3) 잘하는 것을 특화하자
4) 어울리는 이미지를 특화하라
5) 합리적으로 자신을 홍보하자

남에게 인정받고 있다고 느끼는 사람은 매사에 자신감이 있다. 이 자신감은 적극적인 대인관계를 가능케 하는 힘이 된다. 또한 자신감은 나로 하여금 진정성 있고 당당한 나로 서게 할 것이다.

4. 40대, 섹시하고 행복한 여자로 다시 태어나자!

어릴 땐 어른들로부터 '너의 꿈은 뭐냐?'라는 질문을 종종 받곤 했다. 그럴 때마다 나는 선생님이요, 의사요, 하고 대답하곤 했다. 하지만 그건 어릴 때의 일이었다. 나이가 들고 먹고살기에 바쁘다 보니 어느새 나는 내가 진정으로 하고 싶은 일도 잊어버리고 말았다. 하고 싶은 일을 하기보다는 해야 할 일들을 하며 살아왔다. 20대엔 생활을 책임지기 위해 치열하게 공부하고 일했다. 한 남자의 아내가 되어서는 엄마로, 며느리로 살았다. 토끼처럼 가족을 돌보며 열심히 뛰기만 했다. 이제부터는 달라지고자 한다. 이제 나는 목표를 바라보는 거북이가 될 것이다. 주변과 나를 관찰하며 느리지만 천천히 살아갈 것이다. 내 안에 있는 에너지를 이끌어 낼 것이다. 나 자신을 사랑하는 섹시하고 행복한 여자로 다시 태어날 것이다. '40대 경단녀'라는 딱지는 떼어 버리고, 나만의 매력과 강점을 아는 당당한 사람이 될 것이다.

내 나이 마흔일곱. 여성이었기에 차별받았다는 생각보다 여성이었기에 훨씬 다양한 변신을 거듭했다고 말하고 싶다. 이제 아이들이 자라고, 스스로의 인생을 찾아가고 있다. 지금이 바로 '최적의 때'이다. 다른 사람의 큐레이터가 아닌, 나 자신의 큐레이터가 되어야 하는 때다.

'토끼는 상대를 보았고, 거북이는 목표를 보았다.' 이전의 나는 가족을 살피고 돌보았다. 토끼처럼 열심히 뛰었다. 그 시간을 '아줌마'로 불리었다고 해도 괜찮다. 이제 나는 목표를 바라보는 거북이가 될 것이다. 주변과 나를 천천히 관찰하며, 내 안에 있는 에너지를 이끌어 낼 것이다. 나를 정말 사랑하는 섹시하고 행복한 여자로 다시 태어날 것이다.

명강사 11기 소통위원장 정서희

| 어린이집 원장, 국민대학교 교육대학원 유아교육 석사 |

변화는 있어도 변함은 없기를… 아이들의 감성 꿈 지기!
감성 커뮤니케이션 작가로 거듭나 꿈 너머 꿈을 바라보다.

〈자격〉 명강의 명강사 1급, 기업강사 1급, 인성교육전문가, 감성 코칭 1급,
　　　 웃음 힐링 교육 지도사 1급, 펀 리더십지도자 1급, 유치원 정교사. 시설장
　　　 자격, 평생교육 강사 1급, 레크레이션 지도사 1급, 실버교육 전문가 1급

〈강의분야〉 감성 커뮤니케이션, 감성 레크레이션 MC, 동기부여, 실버 힐링 교육

M : 010-8667-4835 E : bb020827@naver.com

도전하는
엄마는 아름답다

1. 아무것도 하지 않으면 아무 일도 일어나지 않는다

올해 2월에 TV에서 '할리우드에서 아침을' 이라는 제목으로, 배우 박정수, 김보연, 박준금 씨가 할리우드 오디션에 도전하는 과정이 방송을 타면서 시청자들의 응원과 호응이 대단했었다. 이 프로그램은 NEWS24에 '할리우드 박정수, 김보연, 박준금, 겁 없고 아름다운 도전'이라는 제목으로 실렸을 뿐만 아니라 YTN, MBN 등 각 종 신문에도 보도되었다. 뿐만 아니라 2월 23일 YTN뉴스에서는 "아흔 살 만학도의 초등학교 졸업장…. 배움은 행복"이라는 제목으로 늦은 나이에 공부를 시작한 만학도들의 초등학교 졸업식 현장을 보도하는 기사가 나오기도 했다. 나이에 굴하지 않고 배움의 길을 걷는 어르신들이 아직도 건재한다. 이런 분들을 각종 미디어 매체를 통해 종종 접할 수 있다. 이런 사연을 접한 누군가는 선한 자극을 받고 용기를 낼 수도 있다. 어쩌면 나비효과와 같은 커다란 변화로 이어질 수도 있는 일이다. 나 또한 4년 전 이맘때 새로운 도전을 시작했고, 그 시간을 헛되이 보내지 않기 위해 누구보다 매 순간 최선을 다했다. 만약, 그때 내가 아무것도 하지 않았다면 나에게는 아무 일도 일어나지 않았을 시간들이다. 그때 용기를 가지고 도전하지 않았다면 지금도 나는 마음속 깊은 어딘가에 나의 꿈을 그저 간직하고만 있었을 것이다. 그렇게 그저 아이들의 엄마, 한 남자의 아내, 누군가의 며느리로만 살고 있었겠지. 내 이름은 어디에도 없었을 것이다. 물론 그렇게 사는 모습도 불행한 것은 아니다. 하지만 내 이름 '정서희'라는 세 글자로 살지 못한다는 사실에서 오는 미련이나 후회도 크지 않았을까.

돌아보면, 정말 앞만 보고 열심히 살아온 인생이었다. 따뜻한 심성을 가진 남편의 사랑은 내게 큰 힘이 되었다. 신혼생활은 핑크빛이었다. 모든 것들을 사랑 하나로 이겨내며 살수 있을 것이라고 생각했다. 그러나 결혼생활은 핑크빛이 아니라 현실이라는 것을 깨닫는 데는 그리 오래 걸리지 않았다. 옛날 어른들이 결혼은 집안과 집안이 하는 거라고 했는데, 그 말뜻을 깨닫게 된 것이다. 결혼은 연애와는 완전히 달랐다.

결혼은 둘이 아닌 새로운 가족이 구성되면서, 그에 따른 기쁨도 많지만 한 가족이 되기 위한 아픔도 겪어야 하는 복병이 있었다. 결혼 전엔 시어른들의 모습이 한없이 다정하고 인자하게만 보였다. 시어른들의 모습, 한없이 인자함 안에는 엄마들의 자식에 대한 넘치는 사랑이 있었다. 자식이 장성해 결혼으로 자기만의 가정을 꾸렸음에도 불구하고, 품에서 내려놓지 못하시고 자식들의 생활을 하나에서 열까지 다 알고 싶어 하셨다. 그런 것이 나를 힘들게 했지만, 그 '시' 자에 나는 결혼 전보다 더 살갑게, 더 잘하려고 노력했다. 어머님은 그런 나에게 정말 시어머니였다. 내 엄마의 모습이기도 한 전통적인 한국 어머니들의 모습이셨다. 그런 어머님의 넘치는 사랑과 관심을 나보다 남편이 더 싫어해서 다행히 그 시간이 그리 길게 가지는 않았다. 그러던 어느 날 우리에게 소중한 별이가 찾아왔고, 그렇게 남편과 나는 아빠와 엄마가 되었다. 나는 아들이 태어나면서 어느 순간부터 아들 바라기가 되어 있었고, 남편보다 아들을 더 사랑했다. 아이가 자라나는 하루하루가 나에게는 기쁨이었다. 때로는 어린이집을 운영하면서 힘들기도 했고, 시댁 때문에 상처를 받기도 했다. 하지만 나에게는 엄마바라기인 의젓한 큰아들과 애교 많은 작은아들이 있어서 그런 상처들은 빨리 잊어버릴 수 있었다. 그런 아들들이 나에게는 친구였고 행복이었다.

나이에 비해 의젓하고 똑똑했던 큰아이에게 나는 정성을 쏟으며 많은 것을 가르쳐 주었다. 큰아이는 내가 원하는 대로 자라줄 것이라는 기대를 했다. 나는 큰아이에게 정성을 쏟는 극성 엄마였다. 그런 아들을 위해 나는 나를 미루며 살았다. 아들이 조금 크면 해야지, 고등학교에 보내고 내년에 해야지, 아니 이왕 늦은 거 대학가면 해야지, 군대는 보내고 해야지, 이런 식으로 자녀들을 위해 나의 꿈을 미루기를 반복했다. 나를 위한 삶은 2순위, 3순위로 미루면서 아이들만 보며 살았던 것이다. 나는 자녀에 대한 믿음 속에 그렇게 아들바라기로 살았다. 그러나 그런 기대와 믿음은 나만의 야무진 꿈이었고, 착각이었다. 아들은, 남편의 성격을 닮아 과묵하고 겉으로 표현을 잘 안 하는 평범한 이웃집 아들 같았다. 나는 언젠가 아들에게 백화점상품권을 선물로 주었다. 그런데 아들이 화이트데이에 내게 건넨 사탕보다 여자친구에게 준 사탕이 훨씬 컸다는 사실을 알게 된 순간 난 배신감을 느꼈다. 남편을 붙들고 아들에 대한 섭섭함을 하소연하고 있었다. 그런 내 모습에 남편은 웃으며 "서희 너도 장모님이나 엄마와 똑같은 자식바라기 한국 엄마네."라고 말했다. 나 또한 자식에게 기대하고, 실망하고, 섭섭해하는 그런 평범한 한국 엄마, 내 친정엄마, 시어머님의 모습이었던 것이다. 나는 남편의 한마디에 마치 한겨울에 얼음물 한 바가지 뒤집어 쓴 것처럼 머릿속이 띵해졌다. 정말 내가 잘 살고 있는 것일까? 세월이 흘러 나이가 더 들었을 때는 어떨까. 내 꿈을 뒤로하고 살아온 내 삶을 혹시 아들과 남편이 몰라주거나, 누가 그렇게 살라고 강요했냐고 말할 때, 쿨하게 넘길 수 있을까. 서운함과 섭섭함으로 삶의 허무를 느끼지는 않을까. 그럼 어떻게 할 것인가. 그러면서 그동안 써온 일기장을 꺼내 다시 읽어보는 데 일기장 맨 앞 장에 '서희가 하고 싶은 것 배우고 싶은 것 열 가지'라고 써 놓은 제목 아래 하고 싶은 것과 배우고 싶은 것을 쭈욱 적어 놓은 나의 버킷리스트. 그 버킷리스트를 보니 내가 해보거나 배워본 목록보다 버킷리스트에 세월과 함께 꿈으로만 남아있는 개수가 더 많았다.

'그래, 지금부터는 나를 위해, 내 꿈을 위해 살자'라는 결심과 함께한 첫 도전은 대학원 입학이었다. 대학원을 알아보고 원서를 넣고, 아들과 비슷한 또래의 학생들과 함께 대학원 면접을 보면서 내 얼굴은 생동감이 돌았고, 내 가슴은 사랑을 갓 시작한 사람처럼 설렘으로 가득했다. 비록 아들들은 내가 꿈꾸던 애인 같은 아들이 되어주지는 않았지만, 엄마의 새로운 도전을 자랑스러워하며, 남편과 함께 나의 든든한 지원자가 되어주었다. 그렇게 나는 40대 중반에 대학원에 입학하여 낮에는 미래의 별들인 아이들과 즐겁게 생활하고 밤에는 새로운 배움에 열정을 쏟으며 나의 삶을 행복하게 걸었다. 대학원에 다니면서 나는 핸드백과 정장 대신 배낭을 메고 청바지에 운동화를 신고 손에는 무거운 노트북을 들고 다니면서 매일매일 새로운 나 자신과 만났다. 그렇게 그 어느 때보다 열심히 공부한 결과 나는 "어린이집 교사의 감성지능, 의사소통능력, 셀프리더십과 교사역량과의 관계"라는 논문 주제로 석사학위 수료식에서 우수 학위논문상을 수상하는 영광을 안을 수 있었다. 그 상은 나에게 큰 자신감을 주었고, 도전하는 열정과 성공의 기쁨을 알게 해주었다.

알프레드 아들러,『미움 받을 용기』에는 다음과 같은 말이 있다.

"변함으로써 생기는 불안을 선택할 것이냐?" 아니면 "변하지 않아서 생기는 불만을 선택할 것이냐?"라는 질문을 통해, 우리는 불안을 선택할 용기가 없기 때문에 불만을 선택하는 것이며, 불만만 선택한 우리는 불만만 토로하기 때문에 결코 행복해질 수 없음을 얘기하고 있다. 이는 우리에게 행복해지고 한 뼘 더 성장하기 위해서는 변화의 불안을 극복할 수 있는 용기 있는 도전을 해야 한다는 것을 가르쳐준다."

일기장을 바꿀 때마다 맨 앞장에 '정서희라는 이름으로 나답게 살자', '나답게 살 때가 가장 아름답고 빛나는 모습이니, Number One이 아닌 Only One.'이라는 글귀와 함께 버킷리스트. 그 버킷리스트는 내가 다시 꿈을 향해 도전할 수 있는 용기와 목표를 주었고, 오롯이 나 '정서희'라는 이름으로 설

수 있는 자신감을 주었다.

대학원 진학이 내 인생의 첫 터닝 포인트가 되어 주었다. 그러면서 나는 자신을 더 많이 사랑하게 되었다. 아이들과 남편에 대한 섭섭함과 허전함에서 한 발자국 떨어져서 바라볼 수 있는 마음의 여유도 생겼다. 아이들과 남편에게 잔소리를 하는 대신 들어주고 공감하면서 우리 가정에 웃음이 그전보다 많아지고 더 커져 있었다. 가장 예쁘고 눈부시게 빛나던 나의 30대와 40대의 시간들이 너무 감사하고 소중하다. 그 시간들이 비록 화려한 스펙은 없었을지 몰라도 나만의 색깔로, 나만의 빛나는 스토리로 가득 채워져 있다는 것을 깨닫게 되었다. 그때 내가 아무것도 하지 않았으면 지금 나에게는 아무 일도 일어나지 않았을 것이다. 이제는 아이들의 엄마, 한 남자의 아내, 한 집안의 며느리, 아들 같은 딸보다 '정서희'로 내 꿈을 향한 선택과 도전, 그것은 마치 새가 새장 밖으로 날아오르듯이, 꿈을 향해 날아가는 나의 첫 날갯짓이었다.

2. 가슴 뛰게 하는 일을 찾아 도전하라

얼마 전 KBS전국노래자랑에서 지병수 할아버님이 실버댄스를 추면서 손담비의 '미쳤어'를 불러 화제가 되었다. 할담비('할아버지'와 '손담비'의 합성어)라는 별명과 함께 세간의 관심을 받으며, 일약 스타덤에 올랐다. 지병수 할아버님은 사업에 실패하고 자식도 없이 살고 있다. 그는 기초생활수급자로 살고 있다. 현실은 녹록지 않은 생활이지만 할아버님이 좋아하는 춤과 노래를 할 때만큼은 어느 누구보다도 행복하다고 하셨다. 우리는 모두 같은 세상을 살아가고 있지만, 어떤 사람들은 꿈도 없고, 행복감도 느끼지 못하며 무미건조하게 하루를 살아간다. 그런 반면 어떤 이들은 꿈을 꾸고, 그 꿈을 이루기 위해 도전하고 성취하며 가슴 뛰는 삶을 살기도 한다. 우리는 사람을 만날 때 가장 먼저 상대편의 얼굴에서 느껴지는 이미지를 보고 그 사람을 평가하는 경우가 많이 있다. 상대편이 좋은 인상인지, 나쁜 인상인지를 평가하고, 본능적으로 좋은 인상을 가진 사람에게 더 호의적으로 대하기도 한다. 우리는 보통 사람은 40대 이후의 얼굴에 책임을 져야 한다고 말한다. 그것은 예쁘고 못생기고를 떠나 어떤 분위기를 간직하고 있느냐의 문제다. 우리는 알고 있다. 자기가 좋아하는 것을 하는 사람들은 얼굴이 그만큼 생기 넘치고 아름답다는 것을 말이다.

　나는 대학원 공부를 조금 늦게 시작했다. 그때의 내 선택은 탁월했었고, 용기 있는 도전으로 하나씩 이루기 위해 노력하는 내 얼굴이, 그 어느 때의 얼굴보다 눈부시게 아름다웠다고 자부한다. 대학원 공부를 하면서 나는 많은 자신감을 얻었다. 그 자신감과 열정으로 내 버킷리스트 중, 오래전부터 배우고 싶었던 〈제11기 고려대 명강사 최고위과정〉에 도전했고 나는 행복한 열정으로 과정을 즐기고 있다. 고려대 명강사 최고위과정을 입학할 때의 내 목표는 교사교육이나, 부모교육, 신입생 오리엔테이션을 할 때 어린이집 원장이지만 전문강사처럼 잘하고 싶다는 작은 목표였다. 그런데 첫 강의 수강 후 나의 꿈은 풍선처럼 점점 커져, 전문강사가 되고 싶은 열정으로 변했다. 강의 시간이 너무 재미있었다. 함께 하는 동기들의 반짝반짝 빛나는 눈빛과 서로를 배려하는 따뜻함은 피곤함도 잊고, 웃음으로 강의에 집중하게 했다. 흔히 말하는 동기사랑 나라사랑처럼 11기의 동기애는 최고의 동기사랑이었다. 강의를 듣고 돌아오는 길은 피곤함이 아닌 강의를 들으러 갈 때보다 더 설레고, 뿌듯하고 행복했다.

　나는 매주 월요일이 기다려졌고 학교 가는 그 길이 행복했다. 함께 수업 받는 11기 동기들과 우리를 위해 묵묵히 애써 주시는 운영강사님들이 있어서 좋았다. 그리고 본인의 지식과 스킬을 하나라도 더 알려 주시려고, 매 시간 진정성을 담아 열정적으로 강의를 해 주시는 강사님들이 있다. 좋아하는 일을 즐겁게 하는 사람들의 얼굴 표정이 저렇게 설렘이 있는 표정이라는 것을 다시 한 번 느끼게 되었다. 그런 강사님들의 긍정에너지는 나비효과를 일으켜, 나에게 더 많은 꿈들을 꾸게 만들었다. 배움의 동기부여와 할 수 있다는 자신감, 이루고 싶은 열정 등은 이미 내 안에 가득 차 있었다.

아이들이 자라면 해야지 하고, 내 꿈은 뒤로한 채 앞만 보고 달려왔던 시간이었다. 잠시 멈추고 돌아본 내 삶에 터닝 포인트가 되어 준 대학원, 그리고 고려대 명강사최고위과정은 내가 하고 싶은 것이 무엇인지, 무엇을 할 때 행복하고, 내 가슴이 설레는지 알게 해주었다. 11기 동기들은 좋은 인연을 맺어준 감사함 그 자체이다. 그 고마운 인연과 배움의 기쁨에 감사하며, 나는 매일 한 뼘씩 성장하고 있다. 우리 가족의 사랑은 옛날보다 더 깊어지고, 서로를 이해하고 배려하는 부분이 점점 많아지고 있다. 이런 지금의 내 얼굴이 그 어느 때보다 빛나고 아름답다는 것을 주변 사람들이 말해주고 있다. 요즘 만나는 사람들은 내게 얼굴이 환해지고, 피부도 좋아졌다고 한다. 더 예뻐진 것 같다고, 화장품을 바꿨냐고, 피부 관리 받았냐고 묻기도 한다. 그럴 때 나는 웃으면서 자신을 위해 무엇인가를 해보라고 얘기한다. 큰 게 아니라도 정말 하고 싶은 한 가지는 본인한테 투자하면서 살라고 한다. 내가 행복해야 옆에 있는 사람들도 행복해지고 자신감도 생기게 된다. 외모의 아름다움이 아니라 내 꿈을 위해 도전하는 나의 모습에서 나오는 아름다움이 다른 사람들에게 동기부여가 되었으면 좋겠다. 꿈을 꾸고 그 꿈을 이루기 위해 열정을 담은 아름다움으로 도전하는 모습을 그려라. 꿈만 꾸며 도전을 망설이는 사람들, 꿈을 꾸기에는 늦었다고 생각하는 사람들에게 말하고 싶다. '조금 늦어도 괜찮으니, 꿈을 포기하지는 말라고. 거북이처럼 천천히 가도 괜찮으니, 가슴 뛰게 하는 일을 찾아서 도전하라고. 나도 했으니 당신도 할 수 있다.' 라고. 나의 말이 그들에게 용기를 주는 동기부여가 되기를 바란다.

이송이, 『1%의 행동으로 꿈을 찾아서』 중에는 다음과 같은 말이 있다.

"도전은 어차피 남는 장사다. 성공하면 두말할 것도 없이 좋은 것이고, 실패해도, 그 실패 속에 조금 더 현명해질 것이며, 그 다음 도전에서는 성공할 가능성이 커진다. 그러니, 머뭇거리지 말고 도전해보자."

3. 도전은 나의 마중물

옛날에는 상수도 시설이 좋지 않아 지하수를 끌어올려 식수로 사용하던 시대가 있었다고 한다. 그때는 펌프라는 것을 이용해 지하수를 끌어올렸다. 그냥 펌프질을 하면 물을 끌어올릴 수가 없었다. 그래서 펌프에 먼저 물 한 바가지를 붓고 펌프질을 해야 하는데, 그 때 먼저 붓는 첫 물이 바로 마중물이다.

어린 시절에 살았던 외갓집 수돗가에 자리 잡고 있던 펌프. 그 펌프에 물 한 바가지를 붓고, 펌프질을 하면 할수록 더 많은 물이 뿜어 나왔다. 펌프질을 멈추면 안에 있던 물이 빠졌다. 그때 당시엔 펌프질이 내게 재미있는 장난감이었다. 그 놀이가 재미있어 얼굴이 빨개지도록 펌프질을 했던 기억이 선명하다. 그 한 바가지의 물을 '마중물'이라고 부른다는 사실을 중학생이 되어서야 알았다. 그러나 언제부터인가 '마중물'이란 단어가 새롭고 예쁘게 느껴지면서 그 단어가 점점 좋아졌다. 그건 아마 나이가 한 살씩 들어가면서 어떤 모습으로 남고 싶은지를 생각하게 되는 삶의 무게가 아닐는지. 물을 얻기 위해 한 바가지의 마중물이 필요하듯, 우리에게도 꿈을 이루기 위한 마중물이 필요하다. 그냥 그 자리에서 기다린다고 꿈이 이루어지는 것은 아니다. 꿈은 이루어진다고 믿는 사람에게 주어지는 신의 특별한 선물이라고 한다. 꿈을 이루기 위해 달려가는 길이 때로는 행복을, 때로는 좌절을 주기도 하지만, 열정으로 다시 일어서서 꿈을 향하는 도전이 내 꿈을 현실로 만들기 위한 마중물이다.

40대 중반에 대학원 진학을 했다. 대학원 진학은 또 다른 꿈을 향해 나갈 수 있도록 나의 터닝 포인트가 되어 주었다. 50세란 나이의 길목에서 명강사로 거듭나기 위해 선택한 고려대 명강사 최고위과정. 이렇게 꿈을 향해 한 단계씩 도전하는 나의 모습이 다른 누군가에게는 꿈을 이루기 위한 마중물이 되었으면 한다. 내가 누군가에게 마중물의 역할을 하려면 더 잘해내야겠다는 생각이 들었다. 그러기 위해선 지금 내가 서 있는 자리에서 내가 가진 능력을 최대한 발휘하자는 생각이 들었다.

내가 운영하고 있는 가정어린이집은 0~2세 영아로만 구성되어 있다. 우리 아이들이 엄마와 헤어져 사회에 첫발을 내딛기 시작하는 첫 영유아교육기관이다. 그만큼 이 아이들에게는 가족 외에 만나는 첫 번째 선생님이 매우 중요하다. 신체적, 정서적으로 영향을 주는 사람이기 때문이다. 그런 소명을 가진 교사들이 마중물 역할을 잘해야 한다. 나 역시 감성 소통을 통해 선한 영향력을 주는 감성리더가 되고자 한다. 오늘도 나는 꿈을 꾸고 도전한다. 비록 돈도 잘 못 벌고, 연말이면 남편에게 손을 벌려 어린이집을 수리하지만 단 한 번도 내

아이에게, 함께 일하는 교사들에게, 우리 원아들에게 부끄러운 행동은 하지 않았기에 난 감사한다. 다시 꿈을 꾸고 도전하는 엄마의 모습이 우리 아들들에게 마중물이 될 수 있기를 바란다.

자기의 꿈을 이루기 위해서는 누구에게나 마중물이 필요하다. 우리는 기대와 설렘, 두려움과 걱정을 안고, 꿈을 현실로 이루기 위한 첫발을 내딛는다. 그런 우리에게 마중물이 있다면 큰 힘이 되어줄 것이다. 길이 보이지 않을 때 길을 비춰주는 빛이 되어 줄 것이다. 그러나 신기하게도 그 마중물은 가만히 있는 사람에게는 절대로 먼저 손을 내밀지 않는다. 더 많은 물을 얻기 위해 붓는 물 한 바가지의 마중물처럼, 우리도 각자의 꿈을 이루기 위해서는 먼저 손을 내밀어야 한다.

꿈은 있으나 도전을 망설이는 사람들에게, 아직 꿈을 찾지는 못했지만 꿈을 찾고 싶은 사람들에게, 꿈을 이룰 수 있는 마중물 같은 존재가 되고 싶다. 한 바가지의 물을 나누며, 새로운 물을 맞이하는 마중물처럼 기쁜 마음으로….

유진 작가의 '마중물' 중에는 마중물을 다음과 같이 설명하고 있다.

한 바가지 물이라고,
애초에 속이 없었던 건 아니야

192

물 길 인도하는 한 바가지

나로 인해 다른 누군가가 넉넉해질 수 있다면

빛나지 않는다고 서러울 것 없지

4. 엄마의 아름다운 도전은 ~ing 현재진행형

우리가 말하는 '꿈'이란 것은 눈앞에 선명하게 보이지도 않고 손으로 잡히지도 않는다. 여러모로 막연하게 느껴지는 게 많다. 우리는 항상 무언가가 되기를 원한다. 진정으로 자신이 원하고 되고 싶은 것이 무엇인지, 자신이 어떤 것을 할 때 가슴 뛰는지를 잊고 살아가는 경우가 많다. 모두가 어렸을 땐 아주 커다란 꿈을 꾼다. 그러다가 어느 날 결혼을 하고, 아이를 낳고 키우고, 남편 뒷바라지와 한 집안의 며느리, 딸로 해야 하는 책임감이 생기는 동시에 내가 하고 싶은 것을 사랑이라는 이름으로 어느 순간 아이의 성공과 남편의 성공 다음으로 줄 세워놓고 앞만 보고 달려온 날들. 그런 시간 속에서 잠시 멈춰 서서 돌아보면 그동안 잊고 살았던 나의 꿈, 내 이름 '정서희'라는 세 글자가 보인다. 그 순간 내 내면 어딘가에 잠자고 있던 나의 꿈을 꺼내보고, 그 꿈을 향한 새로운 도전을 하게 된다. 이런 내 모습이 피 끓는 젊음의 시절에는 꿈을 이루는 것만을 목표로 삼았었다면, 지금의 나는 세월의 무게가 주는 지혜로움으로 꿈을 이루기 위해 내딛은 발자국을 함께 볼 수 있는 여유로움 속에 나만의 향기를 가진 아름다움이 지 않을까? 꿈을 이루기 위해 열정을 다해 도전하는 나. 이런 내 모습을 나는 더 사랑하게 되고, 그 행복감은 나를 한 뼘 더 자라게 한다. 이런 나의 모습이 또 다른 누군가에게는 꿈을 꾸게 하고, 꿈을 향해 첫발을 내딛는 마중물이 될 것이라고 믿는다. 꿈을 향한 도전에 있어 나이는 중요하지 않기에, 꿈을 향한 나의 도전은 오늘도 현재진형(~ing)이다.

황안나 작가는 초등학교 교사였다. 황안나 작가는 57살이 되던 어느 가을날, 39년 6개월간의 교사생활에서 벗어났다. 그녀는 나 자신을 찾고 싶어 미련 없이 사표를 던지고 나왔다고 한다. 그러던 어느 날 남도의 붉은 황토 마늘밭이 TV에서 방송되는 걸 보았다. 작가는 불현듯 그 길을 걸어보고 싶다는 생각이 들었다. 그렇게 충동적으로 나왔던 것을 계기로 여행에 입문하게 되었다고 한다. 걷기 시작하면서 수많은 시행착오를 경험했다. 그녀는 '국토종단 할머니'라고 불렸다. 황안나 작가는 나이 65세에 해남 땅끝마을에서 통일전망대까지의 길을 혼자서 걸었다. 2천 리 길이었다. 75세에는 여덟 번의 지리산 화대종주(화엄사에서 시작해 대원사로 하산하는 코스)를 해냈다. 나이 70을 넘긴지 오래인 작가는 오늘도 작은 체구에

15킬로그램짜리 배낭을 메고 혼자 걷고 글을 쓴다.

　나는 또 하나의 꿈을 위한 도전을 시작했다. 어릴 적 꿈이었던 작가가 되기 위해 책 쓰기 과정에 등록했다. 그동안 나는 온라인 책 쓰는 모임에 가입해서 활동했다. 책 쓰기 일일 특강이 있는 곳은 꼭 등록해서 특강을 들었다. 하지만 책 쓰기 과정의 교육비가 생각보다 너무 비싼 과정이었다. 그래서 쉽게 결정을 내리지 못했다. 나를 확 끌어줄 수 있는 작가인지에 대한 믿음이 가는 곳 또한 없었다. 나는 글을 쓰는 사람이 되고 싶었다. 작가의 꿈은 초등학교 6학년 때 담임선생님의 영향이 컸다. 초등학교 시절 친구들과 학교 관사에서 살고 계셨던 선생님 댁에 방문한 적이 있다. 무슨 이유로 방문했는지는 기억이 나지 않는데, 그때 그곳에서 한쪽 벽을 가득 채운 책장을 보게 되었다. 그것을 본 내 눈은 토끼눈이 되었다. 그렇게 많은 책들은 동네 서점에서조차 볼 수 없었다. 책장을 가득 채우고 있는 것도 모자라 방바닥에 쌓여 있던 책들이 내 눈에는 너무나 분위기 있고, 멋있어 보였다. 세월이 지나 다른 것들은 기억이 안 나는데 책으로 가득 찼던 선생님의 그 작은 방만큼은 아직도 내 기억에 선명하게 남아있다. 나는 그렇게 책이 많은 나만의 서재를 만들어 그 방에서 글도 쓰고, 음악도 들었다. 커다란 창 너머로 비 내리는 모습을, 하얀 눈이 내리는 거리를 보며 선생님처럼 작가가 되고 싶다는 생각을 했다. 그러나 그건 아무에게도 말하지 못한 나만의 꿈이었다. 집안형편상 딸인 내가 대학을 가기란 어려웠다. 그런 내 꿈을 부모님이나 형제, 자매들과도 의논해본 적이 없다. 누가 나에게 20대로 돌아가겠냐고 묻는다면 나는 아니라고 대답할 것이다. 우울했던 내 20대, 하고 싶은 일은 다 잊은 채 돈을 벌어야 했던 시절이다. 그런 내게 유일한 친구는 음악과 책이었다. 그렇게 내 20대는 우울한 회색빛이었다.

결혼해서 가장 좋은 점은 바로 내 편이 생긴 것이다. 바로 남편 말이다. 남편은 언제까지나 내 편이 되어 주겠노라고 약속했다. 남편은 나의 가장 든든한 지원군이다. 너무 감사한 사실이다. 오늘도 남편이 나의 꿈을 지원해 줄 것이라고 믿으며 나의 꿈을 향해 첫발을 내딛는다. 또 하나의 꿈을 이루기 위해 나는 오늘도 열심히 여기저기를 다니면서 배움의 문을 두드린다. 수강료가 비싸 배움이 망설여질 때도 있지만 그럴 때는 든든한 나의 팬이자 지원자인 남편에게 애교 섞인 목소리로 속삭인다. "자기야, 내가 꼭 작가 남편 소리 듣게 해줄게~"라고 말하면 남편은 져주면서 웃음으로 나를 응원해 준다. 그 든든한 지원을 받으며 오늘도 나는 새로운 꿈을 이루기 위해 집을 나선다. 우리 가정의 세 남자들은 무뚝뚝함 속에 사랑을 담아 꿈을 향한 나의 도전을 응원해 주는 첫번째 팬이자 마지막 팬이라는 것을.

항상 새로운 꿈을 꾸고, 꿈을 이루기 위해 도전하는 서로를 응원해 주면서 든든한 지원자로, 팬으로 함께할 것이다. 매일 아침마다 나는 이렇게 기도한다.

그럼에도 불구하고 나는 책을 써서 성공할 것이다.

그럼에도 불구하고 나는 인기 작가가 될 것이다.

그럼에도 불구하고 나는 사람들한테 마중물이 될 수 있는 드림캐쳐Dreamcatcher가 될 것이다.

그럼에도 불구하고 나는 주 3일만 일하고 연봉 3억을 버는 작가 강사가 될 것이다.

그럼에도 불구하고 나는 꼭 꿈을 현실로 만들 것이다.

버킷리스트의 거장 존 고다드John Goddard는 다큐멘터리 제작자이면서 세계적인 탐험가다. 그는 127개의 목표 가운데 111개를 달성한 전설적인 인물이다. 존 고다드는 열다섯 살 때 자신의 할머니와 숙모가 하시는 말씀 중에 "내가 이것을 젊었을 때 했더라면…." 이라며 후회하는 소릴 들었다. 그 소릴 들은 고다드는 자신은 후회 없는 삶을 살리라는 결심을 하게 된다. 그리고 어느 날 그는 노란색 종이를 펼치고 '나만의 꿈의 목록'이라고 제목을 쓴 후 127개의 인생목표를 적었다.

그는 그것을 항상 몸에 지니고 다니며 틈틈이 들여다보고 그 꿈을 이룬 자신의 모습을 상상했다. 목표를 이루기 위해 최선을 다하여 하나씩 실천해갔다. 존 고다드John Goddard는 카약 하나로 역사상 처음으로 나일강을 완주하고, 킬리 만자로 봉우리에 우뚝 섰다. 1972년, 존 고다드는 자신이 세운 127가지의 목표를 다 이루었고, 그의 이야기는 미국 뉴욕의 시사화보잡지인 '라이프'지에 "꿈을 이룬 사나이"라는 제목으로 소개되었다. 존 고다드의 목표는 500개 이상으로 늘어났다. 새로운 목표가 생길 때마다 '꿈의 목록'에 적어나갔다. 꿈 목표를 적기 시작하면서부터 그의 인생은 설렘, 도전과 즐거움으로 가득 차게 된다. 그는 죽기 전까지 끊임없이 꿈을 이루었고 수많은 탐험 기록을 남겼다. 미국의 LA타임즈는 그를 두고 '현실세계의 인디아나 존스'라고 명명했다. 그의 꿈 목록에는 오스트레일리아 답사, 아프리카의 케냐 답사 등의 원시문화를 체험하고자 하는 소망도 기록되어 있었다. 그뿐 아니라 윗몸 일으키기, 플루트와 바이올린 배우기, 피아노로 베토벤의 '월광' 연주하기, 독수리 스카우트 단원 되기 같은 소박한 꿈들도 있었다.

다음은 존 고다드, 이종옥 역, 『존 아저씨의 꿈의 목록』에 나오는 글이다.

꿈은 품고만 있어서는 안 된다.

꿈은 머리로 생각하는 게 아니다.

가슴으로 느끼고, 손으로 적고, 발로 뛰는 게 꿈이다.

필 때도 질 때도 한결같은 동백꽃처럼 살고 싶다. 변화는 있으나 변함없는 그런 사람이 되고 싶다. Number One(최고)이 아닌 Only One(단 하나의)의 삶을 살고자 한다. 꿈을 향한 나의 도전은 오늘도 현재진행형이다.

명강사 11기 공저부회장 신경희

| 해피 SK 교육원 원장, 창의 융합 예술 교육가, 해피 메신저 |

평생 교육의 열정과 행복한 이미지 메이킹으로 선한 영향력을 펼쳐 나갈 해피리더다.

〈자격〉 유치원 원장, 보육시설장, 명강의 명강사 1급, 스피치 지도사 1급, 리더십 지도사 1급, 평생교육 강사 1급, 노인교육 강사 1급, 인성 지도사 1급, 부모교육 상담사 1급, 기업교육강사 1급

〈강의분야〉 가족사랑 부모 교육, 아이사랑 교사 교육, 융합 창의 인성 청소년 교육, 리더십 교육, 웃음천국 노인 교육

M : 010-8334-0446 E : choigo1042@hanmail.net

해피리더는
나비효과다

1. 추억을 읽는다

　언제부터인가 지나온 날들을 되돌아보는 순간이 많아졌다. 내가 가장 행복한 시간은 언제였을까? 내가 가장 좋아하는 일은 무엇일까? 내가 죽을 만큼 좋아하는 사람은 누구일까? 가장 아름다운 삶의 결정체는 어떤 것일까? 삶의 최종 목표는 무엇일까? 등등 수많은 질문과 고민을 하며 자기 성찰과 명상을 했다. 그리고 다양한 책을 읽었다. 이러한 과정을 통해 '세상에서 가장 소중하고 가치 있는 존재는 바로 나'라는 결론을 낼 수 있었다.

　나는 행복한 인생의 이치를 깨닫는데 반백년이 걸렸다. 그래도 지나온 시간이 아깝지는 않다. 열심히 살았기 때문에 내게 주어진 하루하루에 감사하며 살고 있다. 유치원 교사에서 원감, 그리고 원장이 되기까지 숱한 날들을 거쳤다. 유치원에 재직할 때까지 30여 년 동안이나 많은 사람들과 함께했다. 그동안의 시간들이 주마등처럼 스쳐지나간다. 입학교육설명회, 학부모참여수업, 컬러데이, 숲 체험, 여름캠핑, 부모교육, 강습회, 기차여행, 운동회, 교육과정연수, 교사오리엔테이션, 재롱잔치, 졸업식 등 많은 일들이 있었다.

언젠가 원생이었던 한 아이가 내게 다가와 이렇게 말했다. "떤땡님은 왜케 애뻐요? 공주 오시양, 귀거이양, 눈도 빤딱빤딱 빛나요. 따양해요." 내가 어디서 이런 말을 들으며 생활할 수 있겠는가? 오늘도 감사하다는 인사가 입에서 저절로 흘러나온다. 나는 50대에 들어서면서 나를 위한 시간들이 더욱 간절해졌다. 결국 나는 유치원에서 쌓은 추억들을 고이 접어 날리고 퇴직이라는 카드를 던졌다. 30년 동안 제대로 쉬지도 못하고 앞만 보고 달려왔다. 어느 날 나는 무기력하게 서 있는 나를 보게 되었다. 더 이상 밝은 에너지가 솟아나지 않았다. TV드라마에서 보던 '번 아웃 증후군'이 나에게도 찾아온 것이었다. 게다가 가족 운영의 유치원 시스템은 묘한 갈등 구조로 이어져서 결국 나를 폭발하게 만들었다. 그즈음 건강도 안 좋아졌다. '이러다가는 정말 죽겠다' 싶었다. 결국 퇴직을 선택할 수밖에 없었다.

운명처럼 다가온 이 쉼의 기회를 절대 놓치고 싶지 않았다. 무엇을 할까, 하고 고민하다가 그동안 해보고 싶었던 목록을 써보았다. 가족과 친구들과 국내 혹은 해외여행도 했다. 일일 감사노트와 100가지 버킷리스트도 작성했다. 그동안 잊고 살았던 꿈도 다시 꾸기 시작했다. 자기계발, 동기부여, 인문서적, 리더십에 관한 책을 다시 꺼내 읽고 또 읽었다. '사람은 책을 만들고, 책은 사람을 만든다.'는 말처럼 다양한 책을 읽으며 새로운 나를 만들어 가고 있었다.

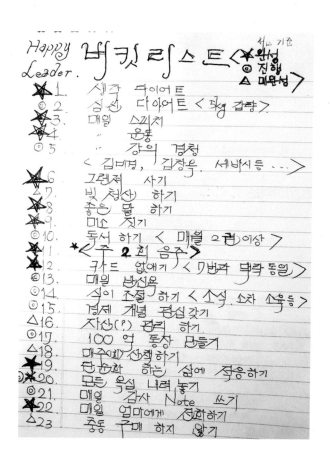

마음이 여유를 되찾으니 세상이 달라 보였다. 그리고 인생 최대의 목표를 세웠다. 퍼스널 브랜드 파워 '해피리더의 유쾌 상쾌 통쾌한 사이다' 강사가 되기 위해 도전을 하는 것이다. 남녀노소 연령에 상관없이 행복한 마음을 전달하고 나누며 더 나아가서는 선한 영향력을 펼칠 수 있는 희망의 메시지를 전달하는 사람이 되는 것이다. 오늘도 추억을 회상하며 다짐한다. '나는 건강한 사람이다. 나는 행복한 사람이다. 나는 영향력이 큰 사람이다.' 오늘도 주어진 선물 같은 하루에 감사한다. 앞으로는 선한 영향력이 내 인생의 전부가 되길 소망한다.

2. 선한 영향력은 첫 키스다

첫 키스라니 생각만 해도 가슴이 콩닥거리고 설렌다. 기억에 오래 남는 그 여운을 평생 지울 수는 없다. 내 경우에는 너무나 달콤했고 지금도 생생하다. 선한 영향력도 첫 키스처럼 좋은 기억으로 오래 남을 수 있다. 타인의 기억에 남을 만한 행동과 긍정적인 영향의 파급효과는 과연 어디까지 갈 수 있을까?

어릴 때부터 특별한 재주와 끼가 많던 활동에너지는 부모님이 나에게 주신 최고의 유산이다. 부모님은 남에게 베풀기를 좋아하셨다. 집안 유지인 아버지에게 집안상담을 하러 오는 손님도 많았다. 아버지는 홀어머니 밑에서 힘들게 성장하셨다. 아버지는 초등학교 4학년이 배움의 전부였지만 결국 조합장까지 하신 전설적인 신가 집안의 대들보가 되셨다. 온갖 집안 대소사를 이끌어 가셨다. 예전 아버지 모습을 떠올려 보면 꽃미남 신사에 호인이셨다. 일본어, 노래, 한문, 수학, 주산, 정리정돈, 명필, 연설, 사람관계, 족보정리 등 못하는 게 없으셨다. 내가 활동적인 삶을 살고 있는 모습을 보시면 아버지도 좋아하실 것이다.

좋은 부모나 좋은 자녀는 선택할 수 없다. 하지만 힘든 상황에서도 서로를 이해하며 지내다 보면 나쁜 기억마저 좋은 기억으로 승화된다. 내 마음이 여유롭고 긍정적으로 자랄 수 있었던 것은 부모님의 선한 영향력에서 비롯되었다.

"허허허~ 우리 경희 키가 5센티만 컸어도 방송국에 가 있을 텐데 말이다." 아버지는 살아생전 내게 이런 말을 곧잘 하곤 하셨다. 아버지는 고故 최진실 배우를 좋아하셨다. 아버지의 목소리가 지금도 들리는 것만 같다. 아버지는 항상 긍정적인 생각과 기쁜 마음으로 살라고 가르치셨다. 당신 스스로도 그런 인생을 사셨다. 나는 그런 아버지의 영향으로 밝고 긍정적인 인성人性을 유산으로 물려받았다.

유치원 운영 당시 급식실의 조리사 박현숙 선생님은 선한 영향력을 매일 실천하는 분이셨다. 그 분은 나에게 많은 사랑을 주었고, 인생의 멘토 역할을 해준 분이다. 항상 조리실에서 '야~야야~ 내 나이가 어때서~ 사랑에 나이가 있나요?' 노래를 흥겹게 부르면서 유치원 분위기를 밝게 만들어 주셨다. 교사들이 내부규정 행동강령에 맞지 않거나 유아가 버릇없이 행동하면 지혜로운 조언을 해주셨다. 그래서 교사와 유아관리까지 하는 선생님에게 '여 이사장님'이라는 별명을 지어서 불렀다. 조리실에서 내 아이들을 먹이려는 엄마 마음으로 최고의 먹거리를 담당하셨다. 그러면서도 나에게 맡겨진 과중한 업무를 안쓰럽게 여기며 항상 좋은 말씀과 도움으로 감동을 주시곤 했다.

소확행(작지만 확실한 행복)을 전달하는 박현숙 선생님 같은 분은 주변 곳곳에서 쉽게 찾을 수 있다. 관심만 있다면 우리는 그들의 삶을 통해 무한한 행복과 사랑을 누릴 수 있다. '어떤 일을 하는가보다는 어떤 마음으로 어떻게 하느냐?'가 중요하다. 예를 들면 안전하게 운전하는 버스기사님, 새벽의 거리를 아름답게 정리해 주는 환경미화원, 아파트의 분위기와 환경을 담당해 주시는 경비원, 119 소방대원, 택배기사 아저씨 등 수많은 사람들의 모습이 대표적인 예이다. 어떠한 곳에서든 사람을 움직이는 힘은 주인의식을 발휘한다. 사람은 누구나 즐겁게 일할 때 가장 값지고 최고로 빛이 난다.

최근 SNS에서 일파만파 퍼지고 있는 선한 영향력 프로젝트는 서울의 한 식당에서 시작되었다. 대전 및 천안에서 시작해 전국 50여 곳으로 늘어났다. 평범한 이웃의 작은 손길이 어느새 큰 물결이 되어 전달된 것이다. 이처럼 선한 영향력은 우리 사회를 밝게 만든다. 결식아동이나 청소년을 위해 급식카드를 제시하면 식사를 제공하거나 볼링장 서비스를 제공해 주는 등 다양한 방법으로 프로젝트는 진행되고 있다.

세상은 급속도로 인색해지고 인정도 메말라 가고 있다. 그럼에도 불구하고 사회 저변에 깔린 아름다운 문화는 아직 건전하게 살아있다. 당당한 사회, 모두가 나누는 사회, 선한 분위기가 사회 전반적으로 흐르는 대한민국을 그려본다. 다양한 먹거리로 승부하는 크리에이터를 봐도 삶은 건강과 먹거리에 연관성이 많음을 알 수 있다. 금강산도 식후경이라 하지 않던가. 이러한 흐름은 축제를 통한 놀이 문화와도 일정 부분 연결되어 있다. 선한 영향력은 나비효과의 파급처럼 무한하다. 해피리더의 선한 영향력도 명강사를 통해 발휘될 것이다.

3. 나비효과는 무한대다

나비효과butterfly effect란 작은 나비의 날갯짓이 태풍을 일으킬 수 있다는 이론이다. 미국의 기상학자 에드워드 N. 로렌츠가 처음으로 발표한 이론이지만 나중엔 카오스 이론으로 발전하는 계기가 되었다. 나비효과의 의미는 이를테면 이런 것이다. 내가 살고 있는 도시 시흥에서도 대한민국을 흔들 수 있는 커다란 기적이 일어날 수 있다는 가능성이 있다, 이런 뜻이다. 다시 말하자면 작고 사소한 사건 하나가 나중에 커다란 효과를 가져다준다는 의미다. 이 말은 오늘날에도 널리 알려져 쓰이고 있다. 요즘은 과학이론에서 발전해 점차 경제학과 일반 사회학 등에서도 광범위하게 쓰이고 있다.

모든 성공은 긍정의 말에서부터 시작한다. 오늘 내가 어떻게 마음을 먹었는지, 내가 어떤 말을 했는지, 어떤 생각을 했는지에 따라 내 인생은 충분히 변화할 수 있다. 말의 힘을 믿으며 실제로 경험을 한 적도 많았다. 단적인 예로 해피리더란 닉네임도 약 15년 전부터 사용하기 시작했다. 말이 가진 힘은 놀랍다. 나와 알고 지내는 지인이나 친구들도 나를 두고 주위를 밝게 하고 말을 기분 좋게 한다며 어디서든 대환영을 해준다. 이것만 보아도 알 수 있다. 긍정의 말은 최고의 나비효과다.

'IMU영유아교육연구소'의 국민희 소장님, '동그라미유아 심리연구소'의 최바울 소장님, '행복한 자기경영'의 우호경 소장님을 유치원에 초빙했다. 부모교육을 할 때마다 이분들로부터 엄청난 자극을 받곤 했다. 또한 직접 연구소에 방문하여 부모의 역할, 교사의 역량강화, 원장의 자세, 초보교사의 스킬, 자녀 양육 태도 등에 관한 연수를 받았다. 원의 교육과정 혹은 운영관리를 위한 스펙이라 여기며 집중하고 새겨들었다. 이분들의 강의는 현재 내 삶에 많은 도움이 되었다. 그분들을 통해 자극을 받은 나는 다짐할 수 있게 되었다. '반드시 진정한 리더로 자리매김해야지! 여러 사람을 즐겁게 하며 강단에 서는 일에 도전할 거야.' 라며 작은 꿈을 그려 나갈 수 있었던 것이다. 지금 돌이켜보면 그들의 작은 외침이 나에게 천천히 날아와 현재 꿈의 노트를 그릴 수 있는 경험이 되었다. 행동이 답이라는 것을 안다. 나는 지금도 꿈을 향한 발걸음을 조금씩 내딛고 있다.

애덤 스미스는 "지위와 명성이 높은 사람들은 세상 사람들의 주목을 받는다. 모든 사람들이 그를 보고 싶어한다. 그리고 그의 처지에서 누릴 수 있는 기쁨과 환희를 대리만족하고 싶어 한다. 결국 그의 행동 하나하나가 대중의 관심사가 된다."라고 말했다. 이러한 말과 대비해 대한민국의 가장 큰 흐름이자 전 세계적으로 큰 인기를 누리고 있는 방탄소년단

(이하 방탄)을 거론하지 않을 수 없다.

지난 2018년 9월 25일, 방탄의 리더 김남준의 UN연설은 청소년들을 위한 메시지였고, 전 세계 수많은 청소년들에게 감동의 울림을 전파하는 목소리였다. 연설내용은 청소년을 포함한 다양한 인종 및 남녀노소 누구나 공감하는 내용이 많았다. 다음은 연설문의 내용 중 일부이다.

"어제 저는 실수를 했을지도 모릅니다. 하지만 어제의 저도 여전히 저입니다. 오늘의 저는 과거의 실수들이 모여서 만들어졌습니다. 내일, 저는 지금보다 조금 더 현명할지도 모릅니다. 이 또한 저입니다. 그 실수들은 제가 누구인지를 얘기해 주며, 제 인생의 우주를 가장 밝게 빛내는 별자리입니다. 내가 누구인지, 내가 누구였는지, 내가 누구이고 싶은지를 모두 포함해 나를 사랑하세요."

자신이 좋아하는 음악을 통해 위로받고 승리한 젊은 아이

돌을 존중한다. 쉬는 시간 내내 그들의 음악과 춤을 통해 나 자신을 돌아보고 더욱 사랑하는 시간을 만들었다. 방탄이라는 아이돌은 대한민국이라는 작은 나라에서 전 세계를 향한 나비효과를 전파했다. 그들의 힘은 결코 편하게 얻은 것은 아니었다. 이름도 잘 알려지지 않은 소속사에서 스스로 만들어 낸 노력과 SNS의 네트워크로 성공한 놀라운 결과물이다. 방탄의 메시지와 그들의 삶을 사랑하며 응원한다.

그동안 쌓아온 교육적인 노하우와 전문적인 지식을 여러 사람들과 공유하고 싶다. 누군가의 학부모, 교사, 청소년에게 희망의 메시지를 전수하고 싶다. 그들의 마음을 바라보고 인정하고 수용하며 격려해 주고 싶다. 말의 힘은 누구나 경험할 수 있는 놀라운 기적이다. 오늘부터 그 기적은 나비효과가 되어 전 세계로 날아가리라 믿는다.

4. 꿈의 날개는 어디까지 날아갈까?

'첫 시작은 미약하나 끝은 창대하리라'라는 말이 있다. 이는 내가 좋아하는 성경 구절이다. 50년 평생을 살아오면서 용두사미는 되지 말자고 자기암시를 수도 없이 했다. 이것은 나만의 철학이고 철칙이다. 무엇이든지 최선을 다한다. 마치 오늘이 내게 주어진 마지막 날인 것처럼 말이다.

사람마다 수명이 각기 다르다. 수명이란 하늘이 정해준 것이니 그저 하늘의 뜻에 따르는 것이 자연의 섭리요, 그것이 바로 운명이다. 우리가 살아가는 인생을 일생이라고 부른다. 일생 동안 내가 누리는 것들을 떠올려본다. 집, 부모, 자식, 재산, 능력, 건강. 이 모든 것들은 하늘이 내게 준 것들이다. 그러므로 내 것이 아니다. 살아있는 동안은 그저 하늘과 우주에게 많은 것을 빚지고 있는 셈이다. 이 모든 것이 결국 내 것이 아니니 아등바등하며 살 필요가 있는가? 없다. 죽을 때는 일생 동안 내가 누려온 모든 것들을 되돌려 주고 간다. 그러니 너무 큰 욕심도 다 헛된 일이다. 마음 편히 왔다가 가면 된다. 그것이 인생이다.

내 인생의 영원한 멘토, 서필환 총장님(성공사관학교 총장)을 삶의 롤모델로 삼고 싶다. 서필환 총장님은 자신의 '큰절하는 강사'라는 이미지 메이킹을 통해 변신을 꾀했다. 고객중심 사랑이라는 모토로 그는 현재까지 3,527번의 강의를 했다. 앞으로 5,000번의 강의를 목표로 하고 계신 분이다. 강사로서의 성공신화라고 할 수 있다. 내가 그분의 철학과 저서를 사랑하며 정독하려는 이유는 그분이 내 꿈의 좌표를 명확히 제시해주신 분이기 때문이다. '해피 SK 교육원'이라는 브랜드명을 정해주신 그 가치를 버팀목으로 앞으로 내 미래는 밝기

　　　　　　　　　　　　| 명강사 25시

만 하다.

선언문은 다음과 같다.

나 신경희는 앞으로 해피 라이프의 리더로서 건강한 생활을 위하여 타인을 위해 선한 영향력을 발휘한다. 따라서 '사람들을 위한 사람들에 의한 사람들의 해피리더'로 살아갈 것을 다짐한다. 앞으로 인생스승이 되어 해피리더 없이는 못 사는 세상을 만들겠다고 선서한다.

나에게 안식년이란 '오늘부터 하면 된다. 행동만이 살길이다.' 라는 것을 명확히 알려준 시간이었고 더 큰 세상으로 나올 수 있게 해준 계기였다. 내겐 아직도 넘치는 에너지와 해피 바이러스의 기운이 한창 남아있다. 내겐 지금이 전성시대고 리즈시절이다. 오늘도 나는 말의 힘을 믿고 명상언어로 마음을 채운다. '나는 남편을 사랑합니다. 나는 아들을 사랑합니다. 나는 자신을 사랑합니다. 나는 사람과 자연 우주를 사랑합니다. 오늘도 하늘의 뜻에 따르겠습니다. 사랑합니다. 사랑합니다.' 꿈의 날개가 하늘에 오르는 그날까지 사랑을 실천해야 한다. 사랑을 매일 실천하고 전파해야 한다. 따라서 선한 영향력을 펼치기 위한 나의 바이러스 전파는 계속될 것이다. 해피리더의 '유쾌·상쾌·통쾌한 사이다 강사 되기' 프로젝트는 지속되고 있다. '러브 마이 셀프 해피리더의 나비효과를 위한 도전'은 오늘부터 시작이다. 과연 내 꿈의 날개는 어디까지 날아갈 수 있을까? 나는 나를 아는 모든 사람들에게 희망의 증거가 되고 싶다. 그게 내가 살아 숨 쉬는 이유다.

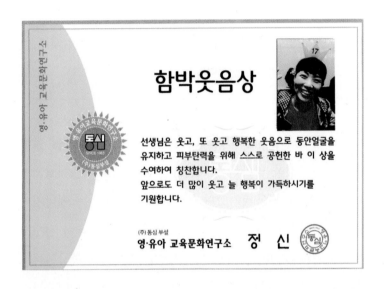

명강사 11기 공저위원장 정문스님

| 능인대학원대학교 불교학과 초빙교수
중앙승가대대학원 문화재학 박사과정 |

모든 존재들이 평안하고 행복하기를 두 손 모읍니다.

〈자격〉 명강의 명강사 1급, 기업교육 강사 1급, 인성교육전문가, 리더십 지도자
1급, 사회복지사 2급

〈강의분야〉 불교의례, 의사소통교육, 리더십, 자기계발, 인성교육

M : 010-5636-2582 E : jmoon7727@hanmail.net

스님들의
미소 국수

1. 파르라니 깎은 머리

"스님들의 머리는 까맣다기보다는 파르라니 푸른빛으로 보인다. 스님들의 미소는 동자승처럼 천진난만해 보이며 환한 보름달처럼 보인다."

대부분의 사람들은 누군가의 도움을 받고 싶고, 사랑을 받고 싶어 한다. 사랑을 하면 처음에는 마냥 좋지만 시간이 지날수록 집착과 구속이 생기고 갈등으로 이어진다. 구속과 속박을 벗어나고 싶어서 결국 집을 나오게 된다. 가출을 하게 되는 것이다. 이런 가출은 얼마 가지 못한다. 다시 안온함을 찾아 집으로 돌아가게 된다. 하지만 집을 나오는 목적이 스님이 되기 위해서라면 그건 가출이 아니라 '출가'라고 한다. 어떤 사람들은 출가를 삶의 도피, 산사에서의 휴식 정도로 생각하기도 한다. '나도 머리 깎고 산에 들어가 살까?'라고 현실을 회피하려는 마음에서 출가를 실행하는 사람도 있다. 실제로 이런 사람들은 출가를 한다고 해도 다시 나가는 경우가 대부분이다. 진정한 출가는 의지하려는 마음을 버려야 한다. 도움을 받으려 하지 않고 도움을 주는 삶을 사는 것이 수행자의 삶이다.

나는 어려서부터 어머니를 따라 절에 자주 다녔다. 절 풍경도 좋았고, 절에 갈 때 예쁜 한복을 입은 어머니 모습도 아름다워 보였다. 초등학교 시절 소풍 역시 인근에 있는 절로 많이 갔다. 그래서인지 절집이 낯설지 않고 편안하게 생각되었다. 그런 추억 덕분에 불교 공부도 낯설지 않았고, 즐거움과 더불어 환희심마저 들었다. 급기야 금강경 공부를 하면서 출가의 생각을 굳혔다. 금강경 4구게 중 첫 구절이 가슴에 팍 와 닿았던 것이다. 그것을 계기로 출가를 결심하게 되었다.

"凡所有相 皆是虛妄 若見諸相非相 卽見如 (범소유상 개시허망 약견제상비상 즉견여래) 무릇 형상이 있는 것은 모두가 다 허망하다. 만약 모든 형상을 형상 아닌 것으로 보면 곧 여래를 보리라."

출가를 하려고 마음을 먹으니 모든 게 일사천리로 정리되었다. 사무실도 아는 분이 사용한다고 해서 수월하게 정리되었다. '출가하게 되면 무엇이 필요할까?'라고 생각해 보았다.

꼭 필요한 것을 챙겼는데 라면 박스 2개로 충분했다.

긴 머리를 단발로 자르고, 며칠 후에 다시 컷트로 짧게 잘랐다. 드디어 출가하는 날 삭발을 했다. 스님들과 신도들이 계신 법당에서 삭발을 하고 부모님이 계신 방향으로 절을 했다. 살아온 날의 참회 의식과 함께 앞으로 수행자로의 삶을 부처님처럼 여법하게 살겠다고 다짐한 순간 제2의 인생이 시작되었다. 신도들은 눈물을 흘렸지만, 나는 편안하고 자연스러웠다. 그런 내 모습을 보며 신기함마저 들었던 기억이 난다. 삭발 후 큰스님께서 '인물이 훤해졌다.'고 하신 말씀이 새로운 출발을 하는 나에게 큰 위로와 격려가 되었다.

2. 행자생활

삭발을 하고 용산역에서 완행열차를 탔다. 순천 선암사로 향했다. 달리는 열차 안에서 군대 가는 마음이 이럴까, 하고 생각했다. 문득 노래 '이등병의 편지'도 떠올랐다. 그동안 지나온 세월들이 스쳐 지나가고 가족도 생각났다. 내가 선택한 수행자의 길이니까 행복한 마음으로 시작해야 했다. 가족 생각을 정리하고 씩씩하게 선암사를 향했다.

행자생활은 군대생활과도 같았다. 새벽 도량석부터 공양

간 식사준비 등 조별로 울력과 수행이 이어졌다. 그렇게 정신 없이 바쁜 일과로 수행을 하며 속세의 모든 것을 버리고 새로운 출가자 생활을 시작했다. 도반들과 같이 수행하며 함께 일하고 잠자고, 발우공양을 하는 모든 순간들이 힘들지만 즐거웠다. 환희에 젖는 순간들이었다. 100여 명의 행자들이 팀으로 나뉘어서 발우공양을 하고, 공양이 끝나면 절수게 때 청수를 모은다. 퇴수통을 검사해서 찌꺼기 하나라도 나오는 팀은 그 물을 나눠서 마시고, 지장전으로 가서 300배를 하는 벌칙을 받았다. 300배를 하면서도 누구를 원망하기보다는 좋은 도반의 인연으로 함께 동참해서 즐겁고 감사했던 초발심의 기억이 난다. 그리고 발우공양은 왜 그리 꿀맛인지 지금도 그 시절의 발우공양이 그립다. 그리고 그 시절 힘든 부분이 화장실이었다. 워낙 성격이 예민해서 밖에서는 볼일 보기가 어려웠던 나였다. 그런 나에게 선암사의 뒷간은 무섭고 두려운 곳이었다. 그곳에 익숙해지는데 10일이 넘게 걸렸다. 선암사 뒷간은 목조건물인데, 바닥이 유난히 깊고 잘 꾸려진 곳이다. 고풍스러운 배설공간이다. 문화재로 등록된 곳이기도 하다. 환기구인 앞뒤 살창은 바깥 감상을 하기에 좋다. 안쪽 보호를 위한 지혜로 밖에서는 안이 보이지 않게 구조되었다. 냄새도 나지 않고 사색하기에 딱 맞는 장소이다. 정호승 시인의 유명한 시 한 편도 생각이 난다.

눈물이 나면 기차를 타고 선암사로 가라

선암사 해우소로 가서 실컷 울어라

해우소에 쭈그리고 앉아 울고 있으면

죽은 소나무 뿌리가 기어 다니고

목어가 푸른 하늘을 날아다닌다.

풀잎들이 손수건을 꺼내 눈물을 닦아주고

새들이 가슴 속으로 날아와 종소리를 울린다.

눈물이 나면 걸어서라도 선암사로 가라

선암사 해우소 앞

등 굽은 소나무에 기대어 통곡하라.

- 정호승, 선암사에서

선암사 뒷간

힘들고 지칠 때 뒷간에 가 보라. 그곳에 앉아 울며 인생을 생각하다 보면 답을 찾을 수 있을 것이다. 몇 년 후에 선암사 뒷간을 찾아가니 무서움도 두려움도 없이 편안한 우리집 화장실 같았다. 그때의 추억에 혼자 웃음이 나왔다. 그렇게 행자생활을 보내며 서서히 스님의 모습을 갖춰가고 있었다. 행자생활 마지막 날 선암사 입구 부도탑부터 대웅전 앞까지 일보일배를 하면서 수행의 마지막 피날레를 죽기 살기로 인내하며 끝냈다. 이날은 전국의 사진 기자들로 빼곡히 둘러싸여서 사진을 찍느라 북새통이었다. 스님들이 탄생하는 날 일보일배 현장을 한 컷씩 담는다고 한다. 행자복을 벗어던지고 목욕하며 스님의 옷인 가사장삼을 수하기 전 팔에 연비식을 한다. 그렇게 참회를 하고 수행자로 탄생한다. 이어서 나는 사미니계를 받고 예비승 과정에 들어갔다. 정식 스님으로 등록되기 위해서는 4년간 승가대학이나 선원 등에서 교육을 받고, 정식 비구(비구니)계를 받아야 한다. 4년 후 나는 이런 모든 과정을 거쳐 정식 스님으로 등록되었다.

3. 선암사의 아름다움에 빠지다

선암사는 우리나라 사찰 중에 제일 아름다운 곳으로 선정된 곳이다. 선암사로 들어가는 숲길은 한 폭의 아름다운 수채화 같았다. 작년 유네스코에 등재된 7개의 한국 산지승원에 선암사도 세계유산에 포함되었다. 선암사의 보유성과 진정성 등 산사의 구조와 잘 어울리는 아름다움을 갖추고 있었다. 선암사의 매화는 선암매로 자리 잡았다. 산사로 들어가는 길목엔 구불구불한 시골길이 있는데 포장이 안 된 길이라 흙 내음이 고스란히 풍겨오는 길이다. 고즈넉한 절집 같아서 좋다. 승선교는 보물 제 400호로 지정되어 있다. 홍예라 하고 무지개다리라고도 한다. 아래 중앙에 용이 새겨진 중심돌이 있고 물가에 비치면 완전한 둥근 원이 된다. 큰 가르침이 있는 다리이다. 선암사는 일주문이 없고 팔작지붕의 강선루 누각이 있다. 경내로 들어서기 직전 오른쪽에 삼인당 연못이 있다. 이 삼인당三印塘은 긴 알 모양의 연못 안에 섬을 조성한 것으로 신라 경순왕 2년 862년 도선 국사가 축조했고 삼법인은 불교 사상의 핵심이다.

범종루를 지나 만세루에는 '육조고사六朝古寺'라는 현판이 달려있다. 달마대사의 6대손 혜능 선사가 중국 소주 조계산에 머물며 남종선을 일으킨 것을 기리기 위한 이름인데 바로 우리 땅 순천의 조계산과 연결시켜 혜능의 법맥이 선암사에 흐름을 나타낸 것이다. 대웅전과 신라 후기 양식의 쌍탑인 삼층석탑이 보물 395호로 대웅전 앞마당에 있다. 이곳 선암사 금강계단에서 스님들의 수계식이 이뤄진다. 고방형식의 심검당은 스님들의 처소 수행처이다. 팔상전과 불조전 뒤로는 순조대왕 탄생과 관련된 설화가 있는 원통전이 있다. 18세기 후반 정조대왕이 아들이 없어 선암사에서 축원을 하고 원통전의 관음보살에게 세자탄생을 기원하는 천일기도를 해서 순조임금이 된 세자가 탄생했다고 한다.

선암사 홍매화

그 외에 응진당, 팔상전 등 전각이 있고 달마전이 있다. 달마전 뒤뜰의 국보급 물확은 크기가 큰 순서대로 지그재그 모양으로 배치한다. 네 개의 물확 사이를 대나무 물통으로 연결했다. 달마수각으로도 불린다. 맨 위에 있는 사각형 석함에 담긴 물은 상탕으로 부처님께 올리는 청수나 차를 끓일 때 사용하는 물이고, 두 번째 타원형 석함의 물은 중탕으로 스님과 대중의 음용수로 사용되며, 세 번째 동그란 석함의 하탕은 밥을 짓거나 과일을 씻는 데 사용되며 마지막 가장 작은 석함의 물은 세수나 세탁을 할 때 사용하는 물이다. 선암사 녹차와 은행은 청정 지역의 명물이다. 편백나무 숲의 산보는 보너스다. 이런 아름다운 선암사에서 수행할 수 있어서 내게는 큰 행운이었다.

4. 스님들의 지독한 공부

스님들의 하루 일상은 매일 새벽 예불로 시작한다. 나는 예불을 할 때 목소리가 어색하고 염불이 어렵기만 해서 고민이 많았다. 그래서 염불을 제일 잘 가르쳐 주는 곳을 찾았다. 신촌 봉원사 도량이 제일 유명했다. 세계 유네스코 무형문화재 제50호로 등재된 '영산재'만으로도 믿음이 갔다. 봉원사내에 있는 옥천범음대학에 다니며 '범음범패梵音梵唄'를 공부했다. 봉원사에서 지금의 은사 스님이신 일운 큰스님과 인연을 맺게 되었고 지금까지도 가르침을 받고 있다. 당시 일운 스님은

'영산재 보존회' 회장직과 봉원사 주지로 계셨다. 그래서 많은 문화 행사에 참여하시기도 했다.

　큰스님은 공부가 미흡한 나를 외국에서 하는 영산재 공연에 동참할 수 있게 해 주셨다. 외국에 한 번도 나가 보지 못한 나로서는 참으로 출세한 셈이었다. 미국, 중국, 대만, 이스라엘, 베트남, 국립국악원, 경복궁 등 많은 공연을 통해 한국의 범패와 작법무를 알리고, 여행도 할 수 있어서 좋은 추억이 되었다. '범음범패梵音梵唄' 공부가 쉽지는 않았다. 도중에 너무 힘들어서 포기한 적도 있었다. 여름 장맛비가 쏟아지는 어느 날 짐을 챙겨서 '범음범패梵音梵唄' 말고, 다른 공부를 하겠다며 봉원사를 나왔다. 그렇게 봉원사를 나와 한 달을 보낸 후 후회가 밀려왔고, 굳은 결심을 했다. '이 고비를 넘기지 못하면 나는 앞으로 어떤 것도 제대로 할 수 없을 것이다.' 이런 다짐을 하고 다시 들어와서 은사 스님께 잘못했다고 용서를 구했다. 앞으로 열심히 하겠다고 맹세한 뒤 무사히 범음대학을 졸업했다.

　졸업 후 스님들만 다니는 중앙승가대학교에 입학해서 사회복지학을 전공했다. 석사는 불교 문화학 전공으로 졸업했고 지금은 중앙승가대 문화재학으로 박사과정 중에 있다. 우리나라의 문화유산을 널리 알리고 연구하는 일을 꿈꾼다. 예전에 스님들은 절에서 기도만 한다고 생각했는데, 알고 보니 그게 아니었다. 지금은 다양하게 스님들의 특기와 재능을 살려서 많은 분야에서 공부하고 있다. 명상, 요가, 차茶, 범음범패 梵音梵唄, 문화재, 사찰음식, 불교학, 사회복지학 등을 꾸준히 연구하고 있다. 스님들과 함께 공부하는 분들도 많다. 현재는 대학원에서 스님과 일반인들을 상대로 불교의례의 바라춤과 나비춤을 강의하고 있다.

5. 스님을 웃게 만드는 국수 - 승소(僧笑)

우리나라는 전통적으로 잔칫날마다 꼭 국수가 나왔다. 시원하고 깔끔한 잔치국수를 먹기 위해 고등학교 때 친구들과 알지도 못하는 잔칫집에 간 기억이 있다. 그때만 해도 인심이 좋아서 국수를 곧잘 얻어먹곤 했다. 어떤 날에는 세 그릇을 먹은 적도 있었다. 여름에는 시원하게 먹는 열무김치국수, 비빔국수. 특별한 날에 먹는 애호박 들깨 국수, 매생이 국수. 쌀쌀할 때는 따끈한 잔치국수를 먹었다. 국수는 모두가 웃고 행복한 마음으로 즐길 수 있는 식사이고 간식이었다. 한국의 국수는 고려시대 사찰을 통해 처음 들어왔다고 한다. 단백질인 글루텐이 들어간 국수는 채식만 하는 스님들에게 부족한 영양분을 공급해주는 별식이기도 하다. 사찰에서는 국수를 '승소僧笑'라 한다. 힘든 수행을 하는 사찰에서의 별미 중 하나로 스님을 웃게 할 정도로 맛있다는 뜻이다. 음식을 탐하지 않는 절간의 스님도 구수한 즐거움에 빠져 흥얼거리게 만드는 게 사찰국수다. 이처럼 국수는 스님들의 마음을 따뜻하게 데워주는 소중한 양식이었던 것이다.

KOREA UNIVERSITY

제4장 Enlightenment
깨달음

LIBERTAS
JUSTITIA
VERITAS

| 틔움 마음연구소 소장, 라라 힐링랜드 대표,
동국대학교 대학원 선학과 박사 과정, 안정 불교대학 졸업,
한양사이버대학교 상담심리학과 졸업, 옥천 범음대학 수료 |

오늘도 삶의 이치와 지혜를 깨닫기 위한 참선은 매일 일기를 쓰듯이 반복됩니다.

〈자격〉 노인상담심리사 명리심리상담사, 명강의 명강사 1급, 인성지도사, 부모
교육 상담사 1급

〈강의분야〉 불교의례, 심리상담 교육, 의사소통교육, 리더십, 자기계발, 인성교육,
부모교육 상담, 기업교육 상담

M : 010-3754-2725 E : hama2725@daum.net

다시 사는 나무에게
삶의 법을 깨닫다

1. 어디로 가야 하나

어디로 가야 하나, 어디로 가나. 날이 흐리다. 곧 눈이 올 것 같다. 흐린 하늘을 쳐다보는 것이 부담스러운지 중년의 남자가 머리와 어깨를 늘어뜨린 채 걷고 있다. 그의 눈동자는 흐리멍텅하다. 마치 영혼 없는 물체 하나가 걸어가는 것처럼 보인다. 남자는 생각한다.

'오늘이 죽음을 발표하는 날이다.'

발표장으로 가는 길이 어쩐지 가고 싶지 않은 걸음이다. 집 안 식구들과 동네사람들이 모여 마당에 멍석을 깔고 있겠지. 먹을 음식과 술도 준비하겠지? 죽음을 발표하고 떠나면 아낙네들은 뒷이야기를 하고, 남정네들과 노인들은 술기운에 누가 떠난 것인지 관심도 없이 껄껄대며 아는 소리를 늘어놓으며 시끌시끌하겠지. 지금쯤 엎어놓은 솥뚜껑에 전을 부치는 냄새가 마을에 진동할 것이다. 죽는다는 것, 돌아간다는 사실보다 그 결정을 발표하는 시간이 걸음을 더디게 만든다.

고별사를 하기 전에 해야 할 일들이 있을 것 같아 생각해 본다. 책을 정리하고 공부한 것들을 구분해서 다른 사람들이 이용하게 해야 한다. 컴퓨터도 정리를 해야 한다. 야한 동영상도 깨끗하게 삭제하는 것이 좋겠다. 인사할 사람들도 점검해 보는데 별로 나의 발표에 신경을 쓸 것 같지 않아 시큰둥해진다. 누군가는 있을 것 같은데 퍼뜩 떠오르는 사람이 없다는 것이 이상할 정도다.

가슴이 먹먹할 때쯤, 마음을 터놓고 얘기해도 될 스님이 생각났다. 공부할 때 만나면 예쁘게 웃으면서 인사해 주던 사람, 반가운 목소리로 '오라버니'라고 부르며 손을 흔들어 주던 사람, 바로 누이 스님이다. 나는 그를 아우 스님이라고 부르는데, 항상 건강 잘 챙기고 힘내라며 나를 걱정해준다. 자신의 몸도 약하면서 맛있는 거 사 드시라고 용돈봉투를 슬며시 찔러 넣어준다. 그 스님에게는 인사라도 하고 가야 한다.

아우 스님 도량에 도착하니 어떤 행사가 있는지 사람들이 북적댄다. 담장 안에는 무명옷을 입은 사람들의 움직임으로 분주하다. 사극에 나오는 조선시대의 모습이다. 촬영이라도 하는 걸까. 지게를 지고 집 안으로 들어가기 위해 분주하게 걸어가던 남정네가 나를 힐끗 바라보고는 멈춰 서서 퉁명스럽게 한마디 던진다.

"당신 때문에 조용하던 여기가 갑자기 일이 바빠져서 힘들어 죽을 지경이다."

옆에 있던 아낙이 등짝을 밀며 한마디 퉁명을 준다.

"오늘 떠나는 분인데 뭐 할라고 그런 쓸데없는 소리를 해요."

"왜 그려, 할 말은 해야지."

더 할 말이 남아 있는 듯 그가 볼멘소리를 한다. 나는 그에게 말한다.

"무슨 말이야, 내가 뭘 어찌했는데?"

큰 소리로 따지려다 그만둔다. 이상하다. 처음 와 보는 곳이고 처음 보는 사람들인데 어찌 저리도 서운한 말을 매몰차게 한단 말인가.

"에고, 답답하고 설운지고."

회심곡에 나오는 푸념이다. 이제 떠날 터인데 따져서 무엇하겠나 싶다. 세상 살면서 억울하고 분통했던 일이 한두 번도 아닌데 생각하니 물어보는 것도 귀찮고 변명도 번거로운 일이다.

깨달음 |

'미안합니다. 뭔 일인지 모르겠지만 괜스레 미안합니다.'

속으로 되뇌이고 나니 마음이 평온해진다. 잘못해서 미안한 것이 아니다. 그들이 잘못했다고 하니까, 무엇인지는 몰라도 그들에게 번거로움을 주게 되어 미안하다는 것이다. 마음속으로 사과를 하고나니 마음이 숙연해진다. 따지지 않고 겸손해진 모습은 살아오면서 터득한 조용히 살아가는 요령이다. 이런 요령이 생긴 것이 어른이 되었다고 하는 것인가 보다. 사람들이 웅성거리며 줄지어 들어가는데 아우 스님이 소식을 듣고 하얀 장삼에 하얀 고깔을 쓰고 합장하고 나오며 고개를 숙여 말없이 목례로 인사한다. 항상 예쁜 미소다.

"나 이제 갈려구요."

"네, 알고 있습니다. 오라버니."

사내는 대답을 잃었는지 멀리 시선을 보내고 있다. 금방이라도 눈물이 흐를 것 같아 호흡을 길게 내쉬며 잠시 침묵에 든다. 아우 스님이 줄을 지어 문안으로 들어서는 사람들의 인사를 받으며 인사를 건넨다.

"오라버니처럼 좋은 스님은 없었어요. 그동안 수고 많으셨어요. 오라버니."

아우는 더 이상 시간을 내기 어려운지, 예쁜 미소로 다소곳이 마지막 인사를 한다. 인사에 대답을 해야겠는데 생각나는 좋은 인사말이 떠오르지 않는다.

"그럼 이만, 쿨하게 갈랍니다."

"역시 오라버니는 쿨하세요. 항상 멋있으세요."

"안녕!"

아우는 더 예쁘게 인사하며 합장 반배를 하고 손을 흔든다. 고개를 끄덕여 답을 하고 나도 손을 흔든다. 돌아서서 나오는 발걸음이 쓸쓸하다. 어떨결에 나온 마지막 인사말이 '쿨하게' 라니, 이 무슨 위선인가 하는 생각에 창피한 마음이 든다. 그래도 오라버니라 불러주어 고맙다. 못된 인생을 살고 가지 않아서 다행이라는 생각이다.

'이제 정말 끝인가 보다.'

뭔가 하고 싶은 말이 있었던 것 같았는데 하지 못했다. 뭔가 듣고 싶은 말이 있었는지, 가지 말라는 말이라도 듣고 싶었는지 구차한 생각에 공허함만 떠다닌다.

'세상 산다는 게 다 그런 거지 뭐 별거 있겠나.'

하늘을 흘겨본다. 친구들이라도 만나볼까 하다 그만둔다.

'잘 가. 고생했어.'

친구들도 이 말밖에는 해줄 수 없을 것 같다.

도서관에서 빌린 책은 반납해야겠다. 반납하지 않으면 도서관은 분실처리 할 수밖에 없을 것이고 다른 사람들은 영원히 이 책을 읽지 못하게 된다.

'또 정리할 것이 뭐가 있나?'

깨달음 |

생각해 보려고 해도 뭐 그리 정리할 것도 없다.

　정리할 것이 별로 없다는 것이 묘하게 서운하기도 하고 허무해지기도 한다. 돌아가는 발표시간이 다가오고 장소가 저만큼 건너다보이는데, 사립문 안에는 사람들이 분주하게 오가고 있다. 아직 이른 시간인지 사람들이 그리 많지는 않은데 모두가 흰색의 무명옷차림이다. 할아버지께서 교탁과 마이크를 점검하고 계신다. 돌아가신 친할아버지가 선명하다. 왜 직접 챙기시는 것이지 하면서도 조금 서운하다. 조상님은 잘되라고 도와주신다는데 이런 별로 좋지 않은 자리에서 준비까지 직접 하시니 반가우면서도 서운하다. 나는 투정부리듯 할아버지를 바라본다. 이제 정말 돌아가는구나. 이제는 가야 할 것 같다. 어느덧 사립문까지 왔다. 누구도 눈길 주는 이가 없다. 표정들을 보아하니 그저 각자의 할 일에 여념 없는 모습이다.

　사립문 너머로 들어서려는데 문득 한 그루의 나무가 눈에 들어온다. 동백나무처럼 푸르다. 언제 이곳에 나무가 있었지. 나무에게 가까이 다가간다. 지나가던 노인이 내게 한마디 던지고 간다.

　"그 나무는 다시 살아나는 나무라 하오. 그 빨간 열매를 보는 사람은 다시 살아난다고 하지요."

　그러고 보니 빨간 열매가 달렸는데 세 갈래로 갈라졌다. 사랑의 열매도 이렇게 생기지 않았던가. 열매를 만지자 뜨거운 기운이 손을 타고 몸으로 훅 들어온다. 그 기운에 놀라 눈을 뜬다. 꿈이었다. 웬 꿈이 이리도 선명할까! 온몸이 땀에 젖어 있었다.

2. 프로이트의 꿈과 신들의 꿈

사람들은 꿈을 꾸고, 꿈을 먹고 산다고 한다.

미래를 상상하며 걱정하기도 하고, 희망이 가득한 상상의 나래를 펼치기도 한다. 꿈은 인생의 가치를 더해주는 소중한 선물이다.

우리는 잠을 자면서도 꿈을 꾼다. 어느 때는 꿈을 꾼 것 같은데 바로 잊어버려서 기억이 나지 않기도 한다. 꿈을 꾼 사실을 모르는 경우도 있고, 현실처럼 선명해서 기억에 오래 남는 꿈도 있다. 현실과 같이 강렬한 꿈은 오래 기억하고 희미한 꿈은 잘 기억이 나지 않는다. 꿈을 신과 연계해서 인간을 초월한 미래의 예언으로 생각하기도 한다. 반면 학자들이 꿈을 바라보는 시각은 다르다. 학자들은 예언 같은 초현실적인 관점에서 바라보기보단 과학적인 접근을 통해 현실적으로 바라본다. 학자들은 꿈을 꾼 사람들을 대상으로 심리적인 연구를 한다.

아리스토텔레스는 말했다.

"꿈은 인간의 심리 활동과 관련이 있어서 자는 동안에 받는 자극에 영향을 받는다. 발에 열이 많으면 불속을 걷는 것으로 꿈을 꾼다."

프로이트는 꿈을 소망의 실현욕망이라고 해석했다. 꿈이 나타나는 방식은 어린이와 어른 모두 다르다. 어린이는 단순한 생각을 갖고 행동하기 때문에 꿈이 바로 소망으로 나타난다. 어른들은 복잡하다. 어른들이 꾸는 꿈은 대개 수치심도 없고 비도덕적일 때도 있다. 그래서 당황스럽다. 억압된 소망이 위장되어 나타나서 불안이 많이 등장하는 것이다.

프로이트는 꿈을 이렇게 말하고 있다.

"억압되고 금지된 소망의 위장되고 왜곡된 표현이다."

프로이트는 꿈과 의식, 현실 세계를 분리하지 않고 상호 작용으로 인식했다. 그는 정신의 깊은 곳을 관찰하고 분석하는 일에 몰두했다. 무의식의 기저에 깔린 근원을 알아냈다. 그러한 연구 결과를 통해 환자들의 정신을 치료하기도 했다. 프로이드의 정신분석은 강박관념이나 히스테리적인 공포증을 밝혀내는 데에 탁월한 효과를 거두었다. 그의 정신분석은 병적 요인을 해결하는 데 활용된 중요한 연구다. 꿈의 가치는 미래를 예견하는 일이 아니라 과거를 분석하는 데에 있다. 바로 어제 낮에 충족되지 못하고 억압되었던 사건들, 혹은 몇 년 전의 욕망들이 밤이 되면 스르륵 풀려난다. 풀려난 소망은 현재의 나를 미래로 이끌어간다. 꿈의 주인공은 항상 '나'라고 할 수 있다.

'꿈의 논증'을 쓴 데카르트는 말한다. "나는 생각한다. 고로 나는 존재한다." 꿈에 대한 자신감을 가져야 한다. 오늘 밤의 꿈은 못다 이룬 소망의 충족이고, 내일의 도전을 위한 강력한 터보 엔진이다. 나는 꿈을 꾼다, 고로 나는 내일을 기대한다. 내 인생의 주인공은 항상 '나'이다. 어떤 시련과 고통이 와도 내가 주인공이다. 베르베르의 『신』은 신의 지배에서 벗어나 스스로 신이 되어 지배를 해보는 상상을 다루고 있다. 누군가가 인류를 지켜보고 있다는 생각에서 소설은 시작된다.

00년 0월 0시 0분 0초. 우주의 알이 부서져 288개의 반짝이는 하나의 우주가 시작된다. 미카엘 팽송이 144명의 후보 신들과 함께 벌이는 창조게임이다. 300만 년이나 된 인류의 고통을 덜어주기 위해 결자해지의 Y게임을 한다. 신의 후보들은 목에 걸고 다니는 앙크의 광선을 통해 존재 가치를 잃은 행성은 얼음으로 꽁꽁 얼려서 모든 생명을 소멸하고, 수소, 산소, 탄소, 질소를 가지고 새로운 DNA의 프로그래밍으로 생명체를 만든다. 살아있는 생명체는 이 4가지의 결합체이다. 후보 신들에게도 목표가 있다. 그건 바로 살아남는다는 목표다. 우승자가 되기 위해서는 수단과 방법을 가릴 여유가 없다. 후보생들은 자신들의 취향에 맞게 물고기나 새들 그리고 동물들을 창조한다. 신이 되기 위한 후보들은 이 창조게임의 전쟁에서 패하면 탈락한다. 탈락자의 형벌은 처참하다. Y 게임에서 계속 이기려면 대담하고 뻔뻔해야만 한다. 신이 되기 위한 처절함이다. 몇 세기가 지나도 자멸하지 않는 인류를 창조하는 작업도 한다. 신들의 세계는 선도 악도 존재하지 않고 오로지 효율적 관리 능력을 평가한다. 후보 신들의 구호는 '사랑을 검으로, 유머를 방패로'이다. 이 게임에서 승리한 후보는 신이 된다. 신은 지배자로서의 경영권을 갖는다.

신들이 바라보는 지구에 한국인 은비가 등장한다. 은비는 불멸의 제5세계를 연구한다. 제1세계는 현실, 제2세계는 꿈, 제3세계는 소설, 제4세계는 영화, 제5세계는 컴퓨터 속의 가상세계다.

은비는 부모가 벌이는 삶의 악다구니 싸움을 피하면서 괴물들을 무찌르는 게임에 빠져있다. 자신의 일에만 몰두하는 것이다. 은비는 조센징이라는 소리를 들으며 자랐다. 은비는 어느 날 어머니로부터 할머니의 위안부생활을 듣는다. 아픔을 가슴에 묻은 할머니는 말한다.

"가해자들은 우리 피해자들 때문에 불편해하지.""우리는 그것조차 우리의 잘못으로 알고 용서를 구해야 해." 은비의 게임은 제5세계의 세계로 진화한다.

은비의 게임 중독은 일종의 도전이다. 부모님의 처절한 삶과 할머니의 고통스런 생활을 막아주지 않은 세력에의 도전이다. 은비는 게임의 세계에서 성장해서 신들을 뛰어넘는 능력의 세계, 제5세계의 가상세계를 구축해 가며 꿈을 꾼다. 게임의 승리를 통해 인간에게 불멸의 영생을 주고 싶었을까. 스핑크스 신이 후보신 미카엘 팽숑에게 다음과 같은 질문을 던졌다. 신보다 우월하고 악마보다 나쁜 것은? 가난한 사람들에게 있고 부자들에게 부족한 것은? 만약 사람이 이것을 먹으면 죽는 것은? 대답은 무無, 없음이다. 무에서 나와 무로 돌아간다. 이 답을 찾아낼 수 있었던 것은 놀랍게도 겸허함에 있다. '무無의 세계'란 놀랍다. 그곳은 신들의 왕 제우스도 영향력을 행사하지 못하는 곳이다. 불교에서는 '진공묘유'라는 글이 있다. 무의 세계란 어떤 곳일까.

아무것도 없는 것처럼 보이는데 무엇인가 남아있는 곳.
인간의 어리석음과 신들의 오만이 스며들지 않은 곳.
관념이나 상상조차 떠돌지 못하는 공간.

깨달음 | 241

무의 잠재력에서 모든 공연이 시작되는 곳.

순수의 정점에서 우주를 창조하는 곳이 무의 세계다.

꿈을 연구해서 정신을 치료하는 프로이트나, 후보신의 꿈을 꾸어 신들의 영역을 넘어서고 싶은 베르나르 베르베르의 도전은, 우리들의 꿈이기도 하다. 처음으로 돌아가는 일. 그리하여 겸허하게 없음이라는 알아차림 수행을 실천하는 일. 그런 일들이야말로 내가 존재하는 이유라고 할 수 있다.

3. 다시 사는 나무의 법칙

『사자의 서』에 의하면 죽음은 늘 일어나는 과정이다. 우리가 이 지구상에 존재하는 한 죽음은 필연적이다. 그것은 피해갈 수 없는 관문이다. 봄, 여름, 가을을 보낸 나무는 계절의 끝에서 잎사귀를 다 떨군다. 앙상한 나뭇가지만 남긴 채로 겨울을 맞이한다. 겨울은 휴식의 계절이다. 휴식을 보낸 나무는 다시 봄을 맞이한다. 사람 역시 자연과 마찬가지다.

사람은 몸의 성장에 따라 옷을 바꾸어 입는다. 밤과 낮의 시간에 따라 입는 옷이 다르고, 계절의 변화에 따라 또 달라진다. 그런 계절의 변화를 두고 몸을 다시 받는다고 표현하기도 한다. 몸을 다시 받을 때는 인과관계에 의한 업력과 인연법이 맞아야 한다.

불교에서는 수행의 목적을 해탈이라고 한다. 육체를 버리는 때야말로 해탈할 수 있는 가장 큰 기회라고 한다. 해탈하지 못할 땐 다른 생명체의 몸을 받을 수도 있다. 이것이 우리가 죽음을 외면하거나 회피하지 말고 바로 보아야 하는 이유다. 돌아간다고 하는 것은 사람 몸을 받았던 자리로 되돌아가는 일이다. 해탈도 하지 못하고 몸도 받지 못하는 중음의 세계에 머물기도 한다. 중음세계에서 고통과 두려움을 경험할 수도 있다. 그러나 그것들은 업력에 의한 환상일 뿐이다. 우리의 삶이 중요한 이유가 바로 여기에 있다. 돌아가는 의미를 모르면 삶이라는 세계를 영원히 알지 못하게 되는 것이다. 자기의 세상은 자신의 마음자리에 있다.

분노가 있는 마음으로 세계를 보면 그 자리가 나찰의 세계이다. 탐욕이 있는 마음으로 세계를 보면 그 자리가 아귀의 세계이다. 원한과 질투가 있는 마음으로 세계를 보면 그 자리가 아수라의 세계이다. 청정한 마음으로 세계를 보면 그 자리가 안락과 평온의 세계이다. 모든 생명체는 태어나는 것도 소멸하는 것도 없이 돌고 돈다. 두려운 세상이 아니라 당당하고 겸손하게 받아들여야 하는 세상이다. 새들이 아무리 떼를 지어 날아간다고 한들 허공에는 어떠한 흔적도 남지 않는다. 폭

풍의 거센 비바람이 지날지라도 허공엔 흔적이 남지 않는다.

독일의 뛰어난 철학자 니체는 '영원 회귀 사상'을 이야기하고, '신은 죽었다'고 말했다. 신에게 의존하지 말고 스스로를 믿고 개척하라는 이야기다. 중세시대 당시 무소불위의 권력을 휘두르는 종교의 권위적이고 복종을 요구하는 문화를 보면서 니체는 신은 죽었다고 말한다. 자유롭고도 새로운 인간 중심의 가치를 창조하는 정신이 진정으로 모든 것에서 초월한 인간을 만든다고 본 것이다. 나를 살피고 돌아보면 나 자신의 진정한 가치를 깨달을 수 있을 것이다. 그런 나 자신을 사랑해야 한다. 그리고 새로 태어나는 사람들 역시 사랑해야 한다. 니체는 짜라투스트라의 여정을 통해 일상적인 사상을 극복하고, 이를 뛰어넘는 초월적인 인간 '위버멘쉬'의 진정한 모습을 보이고 있다.

순종적이고 복종적인 낙타의 약한 모습에서 벗어나라. 사자의 도전적이며 불복종하는 용감한 가치부정도 뛰어넘어라. 어린아이의 즐겁고 창의적인 용감한 정신으로, 진정한 일상을 뛰어넘어라. 이것을 인간의 초월적인 모습이라고 말하고 있다.

니체는 삶이 주사위 놀이와 같다고 말했다. 주사위를 하늘에 던져 땅에 떨어지기 전에는 우연이지만 떨어지는 순간은 필연이 된다며 그는 '영원 회귀'를 주장한다. 그가 말하는 영원 회귀란 매번 다른 삶으로 영원히 돌아오는 것을 말한다. 이러한 사상은 허무와 우울증을 부를 수가 있다. 자신의 선택이 아닌 던져진 운명을 당당히 받아들인다고 해도 허무하기는 마찬가지다. 불교의 돌아옴은 업력의 결과다. 원인이 결과가 되어 돌아온다. 내가 조절한다. 주사위를 던져 나오는 숫자는 나의 업의 결과다. 의연하게 바라보고 당당하게 풀어나갈 일이다. 주인공인 나의 진정한 가치를 알아야 한다.

불교에서의 말하는 '윤회'란 주사위 놀음과 다르다. 던져지는 우연에 의해 필연이 정해지는 것이 아니라 자신이 만들고 쌓아온 업력의 결정이 필연이 되어 반복되어지는 것을 말한다. 경쟁력이 높은 대학에 들어가려면 학습능력을 높이거나 봉사활동의 점수를 쌓아두거나 그 대학에서 원하는 성과물을 보여주어야 하듯이 미리 준비해 두어야 하는 것과 같은 이치다. 수행의 목표는 해탈에 있다. 당당하지만 겸손하고, 도전하지만 청정하고, 비우지만 허무하지 않음이다. 자신의 마음자리를 항상 챙겨서 보라는 의미가 여기에 있는 것이다. 살아 천년 죽어 천년을 가는 주목나무를 보라. 화려하지 않으면서도 당당함을 통해 겸손을 배운다. 그 천년의 세월을 견디며 매일 매 순간 다시 산다. 성장의 아픔은 나이테로 숨긴다.

4. 사랑으로 만든 인생이 참된 인생이다

신약성경에도 '씨는 뿌린 대로 거둔다.'는 말씀이 있다. 아함경에는 '생선을 싼 종이는 생선 냄새가 나고, 향을 싼 종이에선 향 냄새가 난다.'고 했다. 모든 행동은 반드시 결과를 가져온다. 법조계의 죄와 벌, 의학계에서의 생활 습관과 질병관계, 과학계의 연구와 결과 등은 인과관계를 인정하고 있다.

인과 관계인 카르마 즉 업에는 착한 업과 악한 업이 있다. 이 세상을 잠시 스쳐가면서 악한 업으로 두려움을 모으지 말아야 한다. 착한 업을 지어 두려움과 공포를 줄여나가며 청정한 덕을 쌓는 것이 목표이고 이렇게 성장해 나가야 하는 것이다. 몸을 받아 환생했다면 감사해야 한다. 착한 업을 쌓을 수 있는 기회가 다시 한번 더 주어졌기 때문이다. 업은 본래 따뜻하다. 연꽃 모양의 청정한 용광로에서 시작한다. 철은 더럽혀지고 이글어지면 다시 녹여지고, 아름답고 튼튼하면 멋진 건물의 철재로 쓰인다. 악업도 선업에 녹아 본래의 업으로 돌아간다. 업장소멸이 착한 업에 있음이다. 업의 흐름을 당당하게 살펴야 할 일이다.

인간의 삶이란 인간관계에 있다. 인간관계 속에서 인과 관계를 반복하고 있다. 인간관계의 묘약은 사랑이다. 부모와 자식 간의 사랑, 형제간의 사랑, 스승과 제자 간의 사랑, 직장이나 학교에서 선배와 후배 그리고 동료들간의 사랑, 이웃간의 사랑, 소리 없이 나누는 작은 사랑의 묘약들이 삶의 에너지다. 몸이 불편한 이웃에게 연탄을 날라주고, 배고픈 이웃에게 무료급식을 지원하고, 김장을 해서 나눠주고, 마음이 아픈 이웃에게 이야기와 노래로 위로해 주는, 예쁜 그 미소와 손길이 사랑의 열매다. 그 따뜻한 마음과 훈훈함이 곧 사랑의 열매다.

죽음은 잠시 쉬는 시간이다. 자연의 큰 평화 가운데 휴식하는 시간이다. 다시 사는 나무에 꽃을 피우기 위해 더 따뜻하고 아름다운 사랑을 나누자. '지금. 여기'에서 바로 시작이다.

명강사 11기 사무총장 김보미

| 검안사(Optometrist), KBM병원컨설턴트, 예방사업넷 CEO, 한국시민기자협회 기자, 인터내셔널 슈퍼모델 미 BMK대한민국 축복봉사단 단장 |

영혼이 숨쉬는 귀한 사람을 위해 축복봉사단과 한몸이 되어 인생을 이끌어간다.

〈자격〉 명강의 명강사 1급, 기업교육 강사1급, 부모교육 상담사1급, 리더십 지도사 1급, 평생교육강사 1급, 인지행동심리전문가 2급, 방과 후 아동 지도사, 스피치 지도사 1급, 사회복지사 2급, 안경사(보건복지부), 바리스타1급, 노인교육 강사1급, 인성지도사 1급, 국민4대 보험사2급, 한국장류발효 제조사2급, 이화여자대학교 병원코디네이터 과정, 고려대학교 매너강사 과정, 생명존중 자살예방 강사, 요양보호사 간호조무사, 건강가정사

〈강의분야〉 의학적 지식과 인문학적 경험 통합강의, 생명존중 전문강사

M : 010-9498-1602 E : 00an7eng@hanmail.net   축복봉사단

똥은
싸고 죽자!

1. 하얀 연탄을 아십니까?

살아있는 모든 피조물을 향한 사랑은 인간의 가장 고결한 특징이다.

-찰스 다윈

살아있는 모든 생명을 향한 사랑은 내가 아닌 것에 대한 관심에서 시작한다.

-울봄 보미생각

21년 전부터 봉사활동을 시작하게 되었다. 누군가를 살리는 데 내 삶을 쓰고 싶다는 생각을 하던 때였다. 봉사활동의 첫 번째 경험은 하얀 연탄에서부터 시작되었다. 20살, 그저 공주처럼 살아오던 나였다. 첫 동아리수업은 봉사활동이었다. 한 시간만 봉사하고 영화를 보러 가자는 선배의 말만 믿고 봉천동 연탄봉사에 참여했다. 긴 생머리와 하이힐을 멋지게 차려입은 정장스타일로 연탄을 나르러 갔다. 그 차림새로 검정연탄과 연탄손잡이를 째려보며 대치했던 때가 생각난다.

좁다란 골목에 어찌 그리도 많은 집들이 모여있는지, 모두 연탄을 태우고 살아가는 집들이었다. 그 집들은 신문지를 벽지로 사용하곤 했다. 연탄을 나르다 보니 콧물과 땀범벅이 되었다. 연탄을 옮길 땐 연탄을 살짝 던지는 식으로 옮겼다. 골목이 워낙 좁아 하이힐로 오가기에 불편해서 그랬던 거였다. 있는 힘껏 던진 검정연탄은 산산조각 나며 부서졌다. 부서진 연탄을 보며 내 마음은 당혹감과 함께 무너졌다. 그 모습을 보고 주인할머니가 나를 부르셨다. 나는 덜컥 겁이 났다. 할머니는 내게 하얀 연탄 100장을 구해서 바르게 쌓아두면 용서하겠다고 했다. 나는 그 말에 열심히 뛰어다녔다. 비싸고 좋은 연탄이라던 하얀 연탄은 마당에 버려져 있었다. 밤이 되어서야 하얀 연탄은 타고 남은 연탄임을 할머니가 알려주셨다. 할머니는 내게 이렇게 말씀하셨다.

"보미야, 누군가에게는 던져진 가벼운 검정 연탄이 누군가에게는 한겨울 목숨을 살리는 생명줄임을 기억해라. 너는 하얀 연탄처럼 너를 태워서 남을 살리는 사람으로 10년만 살아주거라."

이것이 나의 첫 봉사활동의 시작이었다. 그 후로 나는 매달 어르신에게 찾아갔고 봉천동 일대에서 벽지봉사와 쌀 나눔 봉사를 시작하게 되었다. 11년 뒤에 할머님은 나를 두고 먼저 하늘로 가셨다. 할머니는 하늘로 떠나면서도 남을 살리는 보미가 되어주라고 내게 당부하셨다. 그게 벌써 21년 전의 일이다. 이제는 첫눈이 내리면 두 아이를 데리고 연탄봉사를 간다. 나의 아이들도 누군가를 살리는 사람이 되길 바란다. 가끔 타고남은 하얀 연탄을 보면 할머니 생각이 난다. 할머니가 가슴 저리게 보고 싶어 눈시울이 뜨겁다.

2019년 1월 21일 나는 우리 두 아이의 손을 잡고 청와대 앞 공원에서 연탄값 인상 반대시위에 참여했다. 둘째 아들 재우가 나를 웃으며 바라보는 시위장에서 살포시 눈이 내렸다. 21년 전, 검정연탄 위에 내리던 눈송이 또한 아이의 눈망울처럼 순수했고 아름답다.

2. 허리띠로 구타당하던 중학생

인간의 생명은 둘도 없이 귀중한 것이다. 그러나 우리는 언제나 어떤 것이 생명보다 훨씬 더 큰 가치를 갖고 있는 듯이 행동한다. 그러나 그 어떤 것이란 무엇인가?

−생텍쥐베리

인간의 생명은 소중하다는 걸 잘 안다. 그러나 죽고 싶다는 이유를 찾는 걸 더 잘한다.

−울봄 보미생각

병원에서 15년을 근무했고, 현재는 21년째 봉사활동을 하고 있다. 이 일을 하면서 여러 상황들을 겪었다. 죽고 싶어 하는 사람, 살고 싶어 하는 사람, 내가 간신히 살려낸 사람,

죽은 후 발견된 사람 등 여러 사람들을 만났다. 그 이야기들을 풀어보겠다. 다만, 이 책에선 원고의 지면이 작아 몇 가지 사례만 다루고, 나머지 이야기는 2권에서 하도록 하겠다.

2012년 나는 사회복지사의 소개로 수철이(가명)를 만났다. 처음 만났을 당시 수철이는 뼈만 남은 앙상한 체구였다. 만나자마자 수철이는 내게 욕설을 퍼부었다. 너도 잘난 척하려고 왔느냐고, 선심 쓰려고 왔느냐고 내게 소리쳤다. 자신은 곧 죽을 거라고, 그러니 아무도 필요 없다며 나가란다. 마음의 문을 굳게 닫고 있었던 셈이다. 그렇게 그 아이가 내게 문을 열어주기까지는 6개월이라는 시간이 흘렀다. 난 매달 수철이에게 주문 도시락을 배달했다. 힘내라는 메모와 좋은 명언을 적어 도시락과 함께 동봉해서 보내곤 했다. 알코올중독자인 아빠는 술만 마신 날이면 허리띠로 수철이를 때리곤 했다. 어느 날은 수철이로부터 웬일로 전화가 왔다. 수화기 너머 수철이의 목소리엔 힘이 없었다. 그날도 아빠에게 맞아 아픈 모양이었다. 나는 곧장 수철이네 집으로 달려갔다. 수철이는 온몸이 피투성이가 되어 이불속에 누워 있었다. 그 아이는 제발 자신을 죽여달라며 울고불고했다. 가뜩이나 바싹 마른 아이가 그런 모습을 보이니 더욱 안쓰러웠다. 낙엽 같은 그 아이를 꽉 안아주지도 못했다. 나는 수철이를 데리고 집을 조심스레 나왔다. 아빠와 분리시키기 위해서였다. 병원치료를 시작하고 사회복지사와 연계시켜 주었다.

시간이 흘러 수철이는 이제 어엿한 성인이 되었다. 대학생이 되어 한의학을 공부하고 있다. 나를 엄마라고 부르기도 한다. 수철이는 한때 죽을 결심을 하고 수면제 200알을 모았다고 했다. 자살하려던 어느 날, 내가 싸준 도시락을 먹고 죽어야 저승길 갈 때 배고프지 않을 듯해서 열심히 먹었다고 한다. 급하게 먹었기 때문인지, 배탈이 나는 바람에 설사를 했단다. 이렇게 계속 설사를 하다간 죽겠구나 싶었다고. 그런데 신기하게도 그 순간 수철이는 죽고 싶은 생각보다도 배가 안 아팠으면 좋겠다는 생각이 먼저 들었단다. '내가 죽으려고 했는데 똥도 못 참는 게 인간이구나! 내가 그동안 아빠 탓, 사회 탓만 했구나! 나를 위해 살려고 시도해 보지 않았구나!' 이런 생각이 번개처럼 들었다고 했다. 문득 정신이 든 것이다. 지금은 한의사를 준비하며 남을 살리는 사람이 되겠다고 열심히 공부한다. 수철이는 가끔 우울증이 올 때면 내게 전화를 한다. 그러면 난 들꽃 사진이며 좋은 글귀를 보내주며 토닥여 준다. 지금껏 살아준 것도 고맙다고, 너도 누군가를 꼭 살리는 의사가 되라고 응원해 준다. 대신 내겐 특별히 한약 한 첩은 공짜로 줄 수 없냐며 농담 삼아 말하기도 한다.

지금도 가정에서 학대받는 아이들을 상대로 하는 매칭 요청이 들어올 때가 있다. 그럴 때면 나는 편지나 메모를 도시락이나 식자재와 함께 보내주곤 한다. 때론 한 줄의 글이 사람을 살리기도 한다. 또한 맛없는 나의 도시락이 사람을 살리게 한다고 믿는다. 충고와 잔소리, 뻔한 말들로는 자살하려는 사람의 마음을 바꿀 수 없다. 마음을 바꿀 수 있게 하는 힘은 상대방과 함께 울어주고, 그 사람의 말을 들어주는 일에서부터 출발한다. 기꺼이 그 사람을 받아들이면 그 사람이 살더라. 마지막 절벽에서 핀 꽃을 잡으려 하지 말자. 그냥 아껴주자. 자살의 이유에는 사회적 측면, 내면적 측면, 환경적 측면이 복합 작용하고 있다고 생각한다. 수철이의 사연은 이런 사실을 증명 해주는 사례라고 할 수 있다.

3. 복합통증 증후군 팝페라 가수 서예준

생명은 절망의 절벽에서도 불꽃처럼 피어난다.

-울봄 보미생각

　서예준 씨는 교통사고 후유증으로 인해 복합통증 증후군이라는 병을 얻었다. 복합통증 증후군이란 외상 후 특정 부위에 발생하는 만성적인 신경병성 통증을 말한다. 통증은 손상의 정도에 따라 매우 강하게 발생하여 일상에 지장을 줄 정도다. 통증이 심해진 그는 손톱조차 제대로 자르지 못한다. 손톱을 자를 때의 진동조차 드릴로 자르는 고통으로 이어지기 때문이다. 한쪽 손의 손톱은 뱀처럼 길게 똬리 틀려 말려 있었다. 한겨울에 그는 긴 팔도 못 입고 칠부 소매가 달린 옷을 입는다. 긴 팔 소매를 입을 경우 마찰로 인해 통증이 일 수 있기 때문이다.

서예준 님을 처음 알게 된 것은 SBS프로그램 '놀라운 스타킹'을 통해서였다. 그가 아픔을 견디며 노래하는 모습을 보고 나는 마음이 짠해지는 것을 느꼈다. 티슈 한 통을 다 쓸 정도로 눈물을 흘려가며 그 프로그램을 시청했다. 그는 해당 프로그램에서 3연승을 하며 '폴 포츠 내한공연'의 무대제안을 받았다고 했다. 국적과 인종을 뛰어넘는 감동이 밀려왔다.

그는 KBS 노래 대회 프로그램인 '가족이 부른다'에 출현한 적도 있다. 그는 대회에서 받은 우승 상금을 어려운 이웃에게 기부하기도 했다. 여러 의미에서 큰 감동을 주신 분이다. 한때는 여러 번의 자살시도를 했던 서예준 님. 그가 다시 마음을 다잡고 남을 살리는 천사로 살아가기까지 얼마나 고통스러운 날들을 보내야 했던 걸까. 그 고통과 싸워야 하는 세월을 조금은 짐작할 수 있다. 예준 부장님이 음악 봉사를 위해 복지관에 방문하시면 늘 염려스럽다. 오늘 춥지는 않으실까, 아프지는 않을까 하는 걱정이 든다. 예준 님은 한 손만 사용이 가능하다. 음료도 빨대로만, 음식도 한손으로만 드신다. 불편해 보이는 모습이지만, 개의치 않고 늘 밝게 웃으며 노래를 불러주신다. 환하게 웃으며 다른 사람을 배려해 주는 예준 님을 보면서 생각한다. 질병이나 장애가 있다고 해도 정신만 건강하다면 들꽃처럼 아름답게 피어나는 게 인생이라는 생각을 말이다.

나는 현재 시집출판을 준비 중이다. 나의 시는 예준 님의 붓글씨로 다시 태어날 거다. 예준 님이 한쪽 손으로 고통을 이겨내며 쓰신 붓글씨가 당선되어 서예가로 등단했다. 많은 것을 깨닫게 해주신 예준 님에게 깊이 감사드린다. 더불어 나 역시 예준 님과 함께 어려운 사람들을 돕고 살리는 데 노력할 것이다.

자살 시도자를 살리기 위해 현재 자살예방 강의를 수강 중이다. 생명존중강사 자격증도 취득했다. 그리고 에밀 뒤르켐의 『자살론』을 침대 위에 두고 밤낮 가리지 않고 읽는다. 『자살론』은 자살을 공부하고 강의하는 이들에게 필독서가 되는 책이다. 1897년에 출간된 책이 2020년을 바라보는 지금까지도 유효하다는 사실이 놀랍기만 하다. 이 책은 1870년 프랑스전쟁 이후 늘어나는 자살률을 통계적으로 증명하려고 노력한 책이다.

자살이란 신경질환이나 범죄가 아니다. 자살은 중대한 사회현상 중의 일부다. 그러니 우리가 같이 힘을 모아 연구하고 해결해야 할 시급한 문제라고 할 수 있다. 자살예방 강의 요청이 초등학교에서부터 들어오는 것을 보면 자살을 시도하는 나이가 점점 일찍 찾아오고 있다는 사실을 알 수 있다. 사회·교육적으로 접근하고 노력해야만 우리나라의 미래가 살아날 수 있다고 생각한다. 이 글을 쓰는 지금, 얼마 전엔 예준 님의 수술이 끝나서 쾌유를 기도 중이다. 완치되지 않는 질병이지만 노력은 해봐야 하지 않는가? 자살도 완치되기는 힘들다. 그래도 우리는 노력해야 한다. 절벽에 서있는 자를 안아주고 토닥여 줄 수 있는 전문가가 되어야 한다. 자살예방을 위한 보다 체계적인 접근이 필요하다. 나는 생명을 살리는 학문인 의학·심리·사회복지학 등을 강의하는 쪽으로 그 길을 걷고 싶다. 자살을 시도했다가 새 삶을 살아가는 자들 중에 생명을 살리는 봉사의 길을 걸어가려는 사람이 많다는 사실을 나는 믿는다. 그 사람들에게 봉사활동을 하면서 방법과 기회를 일깨워 주고 싶다.

4. 커피 10잔 할머님

그 사막에서 그는 너무나 외로워 때로는 뒷걸음질로 걸었다. 자기 앞에 찍힌 발자국을 보려고.

-오르텅스 블루, '사막' 중에서

그 함박눈 길을 그녀는 한동안 걸어가지 못했다. 첫 발자국에 외로움을 견디고 서있어야 했다.

-울봄 보미생각

우리 축복봉사단은 매달 각 가정을 일대일로 찾아가는 매칭 봉사를 진행 중이다. 남양주시에 위치한 어느 가정집, 그곳의 어르신을 처음 방문했을 때의 일이다. 나와 임원진 2명이 방문했는데, 어르신은 커피를 주시겠다며 물을 천천히 끓이고 계셨다. 어르신은 이내 곧 10잔의 커피를 타오셨다. 10잔이라니, 두 사람이 먹기엔 너무 많은 양이 아닌가. 임원진과 나는 어르신이 치매를 겪고 있다고 생각했다. 커피를 마시며 할머님께서 꺼내 오신 오래된 사진앨범을 보았다. 우리는 할머니와 함께 앨범을 한 장씩 넘겨가며 사진을 구경했다. 말동무가 되어주었다. 그렇게 오래된 사진을 구경하다가 이만 갈 시간이 되어 자리에서 일어났다. 나는 어르신에게 "어르신, 저희 다음 달에 또 올게요. 필요한 게 있으세요?"라고 여쭈었다. 집 안에 수리해야 할 부분이 있느냐고 물었다. 그러자 어르신은 내 손을 꼭 잡고 답변하시길 "물건은 필요하면 사면 되고, 집은 좀 망가지면 고치면 되요. 단장님 커피 10잔을 타드린 이유는 그 10잔을 다 마시고 나와 있어주는 시간이 필요해서 그런 거예요."라고 말했다. 그 말을 듣고 우리는 서로를 끌어안고 한참이나 울었다. 임원진을 먼저 다른 가정으로 보낸 후 나는 어르신의 집에 조금 더 머물기로 했다. 어르신의 결혼식 사진, 아이들 키우신 이야기 등 이야기꽃을 피웠다. 그러고선 노을이 질 무렵에야 집에서 나왔다.

봉사를 하다 보면 어느 날 섬광처럼 깨달음을 주는 사건들이 발생한다. 울기도 많이 울고 웃기도 많이 웃고, 돈이 모자라면 아르바이트도 하고, 늘 다사다난하다. 하지만 이러한 봉사활동이 내가 삶을 살아가게 하는 원동력이 된다. 우울증으로부터 잠시나마 벗어날 수 있게 해주는 힘이 되는 것이다. 사람은 누구나 외롭고 힘들고 우울하다. 스스로 나 자신을 사랑하려면 우선 남을 사랑하는 방법을 알아야 한다. 인간은 혼자서는 살 수 없는 존재다. 지구촌 시대인 만큼 타인과 더불어 사는 삶의 중요성은 더욱 커지고 있다.

나는 에밀 뒤르켐의 『자살론』에서 나온 문구처럼 사회가 변하고 규범이나 시스템이 교차되어 이중적인 규범들이 생기는 혼돈의 시기에 자살이 많이 일어난다고 생각한다. 분명히 2030년까지 우리 사회는 엄청난 4차 혁명의 혼돈을 겪을 것이다. 그로 인해 자살시도를 하는 사람들의 숫자는 더욱 증가할 것이다. 이런 사회일수록 복지제도가 더욱 필요하다. 특정한 가정집과 일대일로 결연을 맺어 집중적으로 돌보는 일명 '매칭 가정 봉사'는 중요한 복지제도라고 할 수 있다.

이 봉사를 시작한 지도 어느덧 10년 정도가 흘렀다. 처음에는 어설프게 한두 가정을 후원하는 방식을 취했다. 그러다가 출산과 육아 문제로 2년의 공백기를 가지게 되었다. 검안 의사 과정을 위해 유학을 준비하고 있던 나에게 갑작스러운 임신소식은 나를 우울하게 하였다. 이로 인해 모든 걸 내려놓으려고도 한 적도 있었다. 처음에는 내가 맡은 가정에 수술비나 생활비만 지원해 드리고 찾아가지 않았다. 그러다가 어느날 독거노인 한 분이 고독사한 일이 발생했다. 사인은 자살이었다. 죽은 지 10일 만에 발견되었다고 했다. 나는 그 소식을 듣곤 정신이 번쩍 들었다. 내가 내려놓으면 그 많은 가정의 생명 역시 위험하다는 걸 느꼈다. 그 후로 해당 가정에 직접 찾아가는 방문봉사를 시작했다. 나의 두 아이가 어려서, 시간이 없어서, 놀고 싶어서 등등 많은 이유들을 뒤로하고 두 아이의 고사리 손을 잡고 찾아가기 시작했다. 이 글을 쓰는 지금 현재, 두 아이는 4살, 10살이다. 2년 전부터 '남양주시 북부 희망케어'의 류시혁 센터장님과 함께 봉사를 체계적으로 시작했다. 고심 끝에 남양주시 오남 지역 독거노인가정과 매칭을 맺고 매달 찾아가는 봉사를 하기로 한 것이다. 현재는 총 50개의 가정을 매달 셋째 주 화요일과 목요일에 찾아가는 봉사활동을 진행 중이다.

작년 겨울이었다. 성탄절이라서 방문날짜를 한 주 미뤘다가 우리 매칭 가정 어르신을 홀로 지내게 한 사건이 일어났다. 혹시나 해서 아무리 전화를 해도 받지 않으셨다. 불길한 예감이 머릿속에 스쳤고, 예감은 적중했다. 아버님께 1년간 막걸리와 소주 한 병도 드리지 못했는데, 하늘로 가신 것이다. 한스러운 마음에 나는 그만 자리에 주저앉아서 오열했다. 알콜중독과 우울증이 심해서 잠들기 전엔 꼭 소주에 수면제를 드시고 주무신다던 어르신이었다. 나는 매달 어르신을 찾아갈 때마다 소주 한 병이나 막걸리 한 병을 사들고 가곤 했다. 어르신에게 술 한 잔 따라드리면서 "오늘은 조금만 줄여보세요", "안주랑 밥도 드셔보세요"라고 말하곤 했다. 그러면 어르신은 행복해하셨다. 김치를 가져다 드리면 어르신은 보답이라는 듯 내게 우리 둘째아들 사탕이라며 작은 사탕하나를 내밀곤 하셨다. 그 주름 많던 손을 잡아보고 싶다.

마지막 사연으로 이 글을 마무리하고자 한다.

내 삶이 언제 끝날지는 모르겠다. 살아있는 한 나는 누군가를 살리기 위해 노력할 것이다. 또한 계속해서 공부하고 실행할 것이다. 우리나라가 조금은 더 잘살 수 있었으면 좋겠다. 자살자의 인구가 줄어들었으면 좋겠다. 그리하여 나의 어린 두 아이들이 어른이 된 후에도 살 만한 나라가 되었으면 좋겠다. 그런 나라가 될 수 있도록 나 역시 노력할 것이다. 자살예방 강의봉사도 내가 체험한 사례중심으로 강의하고자 한다. 나 역시 한때는 자살시도자였다. 부족할 것 없는 부유한 집안에서 자랐지만 그때 당시엔 힘들었다. 그때는 인생이 죽어야 할 이유들로 가득했던 시기였다. 십 년 전쯤엔, 수면제인 줄 알고 먹었던 약이 설사약이여서 정말 화장실에서 죽다 살아난 기억이 있다.

만일 어느 날 문득 삶에 대한 의지가 꺾이는 순간이 온다면 내게 전화를 꼭 해주길 바란다. 잠시 멈춘다면 스스로의 지난날을 돌아보며 다시 살아갈 힘을 얻을 수 있다. 나는 늘 도전하고 공부한다. 자격증을 매년 한 가지씩 취득하려고 노력한다. 인터내셔널 슈퍼모델에 도전해서 당선되기도 했으며, 고려대명강사 최고위과정 11기를 만나 공저 집필도 하게 되었다. 소중한 분이 늘 내게 말해준다. 극한 속에서도 여유를 가지라고 말이다. 혹시 죽고 싶고 우울하다면 이 글귀를 생각해 주길 바란다.

명강사 11기 고문 김학찬

| 한국방송통신대학교 행정학과 졸업, 동국대학교 행정대학원 졸업, 서울특별시 공무원으로 근무, 고려공인중개사 운영 |

도시개혁을 위해 헌신해 왔으며 저서 『서울 중심을 사랑한 생태일꾼, 바다를 품은 다랭이 마을』을 집필했다.

〈자격〉 공인중개사, 사회복지사, 수생태 해설사, 명강의 명강사 1급, 기업교육 강사 1급, 리더십 지도사 1급, 인성지도사 1급

〈강의분야〉 동기부여, 소통교육, 리더십, 생명존중, 인성교육

M : 010-8436-9638 E : mihak9635@daum.net

서울을 사랑한
생태일꾼

1. 서울올림픽의 금메달리스트

1988년 9월 17일부터 10월 2일까지 서울에서 세계인의
체육축제인 올림픽이 열렸다. 정치적인 문제로 올림픽이 반
쪽대회로 열리다가 12년 만에 161개국에서 13,600명이라는
사상 최대의 선수들이 참가해 16일간 저마다 국가의 명예를
걸고 열전을 치렀다.

서울올림픽의 슬로건은 "세계는 서울로, 서울은 세계로!"
였다. 이 대회를 계기로 대한민국의 위상이 엄청나게 높아
졌다. 세계 어느 나라 사람이나 '코리아'라는 나라를 알게 되
었고 서울이라는 도시를 사랑하게 되었다.

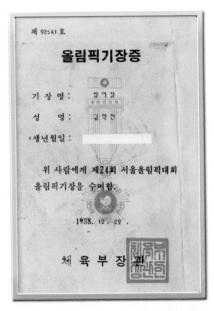

제 92541 호

올림픽기장증

기 장 명 :　참여장

성　명 :　금악찬

생년월일 :

위 사람에게 제24회 서울올림픽대회
올림픽기장을 수여함.

1988. 12. 29.

체 육 부 장 관

1988 서울올림픽 종료 후 받은 올림픽기장

　대한민국은 이 대회에서 금메달 12개, 은메달 16개, 동메
달 11개를 따서 종합 4위를 차지하여 또 한 번 세계를 놀라
게 하였다. 여기에 기록되지 않은 금메달이 하나 더 있으니
바로 올림픽을 깨끗하게 치러냈다는 자부심의 메달이다. 당
시 올림픽 중계를 본 많은 지구촌 사람들은 경기뿐만 아니라
서울의 아름다움에 매료되었다. 과거의 아름다운 문화와 현
대의 발전된 기술이 적절하게 조화를 이루고 있는 서울의 풍
경은 그들에게 놀라움이었다. 깔끔하게 단장된 도시 풍경도
강한 인상을 주었다.

서울올림픽에 참가했던 선수들이 금·은·동메달을 목에 걸고 의기양양하게 개선하고 난 뒤 나도 체육부장관으로부터 영예로운 올림픽기장을 받았다. 많은 사람들이 텔레비전으로 유명선수들의 화려한 경기를 보고 열광할 때 나는 그늘진 곳에서 올림픽의 도시 서울이 지구촌사람들에게 깨끗하게 보이도록 노력했다. 그 노력에 대한 보상이요, 보답이었다.

　　마라톤을 중계할 때 선수만 비쳐지는 것이 아니라 선수가 뛰는 주변의 도로나 건물도 보인다. 경기장을 화면으로 잡을 때 주변의 주차장이나 공원도 당연히 나오게 되어있다. 경기를 취재하러 온 기자들이나 구경하러 온 관람객들은 오로지 경기장에만 있는 것이 아니다. 호텔에서 자야 하고 음식점에서 먹어야 하고 시간 날 때 거리구경이나 관광도 해야 하는 것이다.

　　올림픽은 서울을 세계에 알릴 수 있는 기회다. 그것도 백년에 한 번 올까말까 하는 절호의 기회다. 그러니 기왕에 보여줄 것이라면 아름답고 깨끗한 모습으로 보여주어야 할 것 아니겠는가. 그래야만 왔던 분이 다시 찾고, 소문이 나서 관광객이 늘어날 것이다. 이런 까닭으로 나는 사명감을 갖고 아름다운 서울을 만들기 위해 노력하였다. 그런 노력이 결실을 맺어 나도 금메달 못지않은 올림픽기장을 받았다.

2. 거리의 미용사

1960~1970년대에는 사람은 낳으면 서울로 보내고 말은 낳으면 제주도로 보내라는 말이 유행처럼 번졌다. 사람은 서울에 가야 출세를 하고 말은 제주도에서 자라야 멋진 말이 된다는 속설이었다. 그래서인지 사람들이 서울로 몰려들었다. 6·25 전쟁으로 폐허가 된 시가지가 채 복구되기도 전에 서울은 전쟁 후 그냥 눌러앉아 둥지를 튼 피난민과 전국 각지에서 꾸역꾸역 상경한 사람들로 초만원이었다.

사람이 살아가려면 의식주가 해결되어야 한다. 그중에서도 가장 중요한 것이 살아갈 거처다. 서울에는 집이 없었다. 명동 한복판에 코스모스백화점이 생기고 신세계백화점이 들어서고 미도파백화점이 건설될 때 청계천 변과 언덕에는 판잣집이 덕지덕지 들어섰다. 그렇게 서울은 무허가 건물이 우후죽순처럼 들어선 무질서한 도시가 되어가고 있었다. 일단 살 곳을 마련한 사람들은 먹고살기 위해 노점을 차렸다. 을지로, 퇴계로, 남대문로 같은 길은 노점과 포장마차와 적치된 상품들로 길이 막혀 사람이 통행할 수 없을 지경이었다. 인구는 폭발적으로 증가하는데 도시는 제 기능을 하지 못한 채 비정상적으로 팽창되어 가고 있었다.

내가 서울시의 머슴으로 들어간 것은 바로 이 시절이다. 나는 펜대를 굴리는 대신 거리로 나가 미용사 역할을 했다. 미용사라고 하면 아담한 점포 안에서 손에 가위를 들고 고객의 머리를 다듬는 사람을 상상할 것이다. 그러나 내가 말하는 거리의 미용사는 그런 모습이 아니다. 가위 대신 건축물 철거용 쇠망치를 들고 있는 힘 꽤나 쓰는 건장한 사람들을 말한다.

나는 중구와 동대문구의 주택과, 도시재개발과, 건설관리과, 청소과 등에서 거리미용사로 10여 년을 근무하면서 무허가 건물을 정비하였다. 당시 남산공원이나 장충단공원, 남대문시장, 서울역 앞, 명동 중국대사관 주변과 시내 언덕배기에는 불량 건자재로 얼기설기 지은 무허가 건물들이 벌집처럼 들어서 있었다. 특히 청계천 변의 판잣집촌은 불결과 빈곤의 상징이었다. 화장실에서 용변을 보면 배설물이 그대로 하천 바닥에 떨어졌고 생활하수와 쓰레기도 수북이 쌓여있었다. 비가 쏟아지면 집을 떠받치고 있던 나무기둥이 불어난 하천에 쓸려가곤 했다. 그로 인해 집 전체가 무너지기도 했고 흙탕물과 쓰레기와 오물이 뒤범벅되어 중랑천을 거쳐 한강으로 흘러 들어갔다.

우후죽순처럼 들어선 흉물 같은 불법 건축물을 정비하는 거리미용사로서 겪은 애환을 여기에 다 적을 수는 없다. 6·25 전쟁 때 월남해서 땅도 집도 없이 코딱지만 한 판잣집 하나 겨우 지어 하루 벌어 하루 사는 분들을 설득하여 경기도 광주(현재의 성남시)나 파주로 이주시키는 것이 무엇보다 어려웠고 가슴 아팠다. 그래도 정부 시책을 이해하고 이주해 주신 그분들에게 지금도 고마운 마음을 갖고 있다. 그런가 하면 노점들을 보호해 준다는 명목으로 돈을 뜯어가는 폭력조직도 있었다. 어느 정도 여유가 있으면서 이른바 기업형으로 노점을 운영하는 사람들도 많았다. 이런 사람들에게는 관용을 베풀 수가 없었다. 정비를 마치고 돌아오면 검찰이네, 중앙정보부네, 청와대네 하면서 아무개를 봐달라, 어느 곳은 그냥 놓아달라, 라는 말로 부탁에 사정을 했다. 법대로 하겠다고 하면 "두고 보자, 네 모가지가 몇 개나 되냐?"라고 으름장을 놓기도 했다. 결국 나는 35년간의 공무원생활을 무사히 마치고 정년퇴직을 하였다.

일선의 동장이 된 후에도 거리미용사를 그만둘 수는 없었다. 신당 제5동장을 하면서 무허가 건축물로 분류된 600여 동의 건물을 정당한 절차를 밟아 합법적인 건축물로 등재되도록 도와주었고, 을지로동장 시절에는 평화시장의 무질서한 간판들을 정비하고 무단 점유한 하천부지를 시유지로 환원시키는 등 머슴으로서의 역할에 충실했다. 명동 동장을 할 때는 명동대성당, 영락교회 주변, 중앙우체국, 중국대사관 주변 지역의 불량 건축물을 정비하고 사람들이 안전하게 다닐 수 있는 통행로 확보에도 진력하였다.

1970년대 청계천변의 판자촌
당시 청계천의 판자촌은 불결과 빈곤의 상징이었다.

그런 과정을 거쳤기 때문에 서울올림픽이 열렸을 때 깨끗하고 아름다운 서울의 모습을 서울을 방문한 선수단과 기자들은 물론 많은 외국 관광객들에게 보여줄 수 있었다. 그리고 그 이후 서울은 세계적인 관광도시로, 경제의 중심도시로 발전을 거듭할 수 있었다.

나는 이발소에서 머리를 깎는 편이고 미장원은 잘 가지 않는데 한번은 미장원에 가서 머리를 자른 적이 있다. 미용사가 내 머리를 자르고 곱게 다듬어주는 동안 옛날 생각이 났다. 불량 건축물과 어지럽게 달려있는 간판들을 정비해서 깨끗한 거리로 만들어 시민들에게 돌려주었을 때의 뿌듯함이 밀려왔다.

"사장님, 저도 옛날에 미용사였답니다."

하고 말했더니 미용사가 대뜸 물었다.

"그래요? 그 시절에도 남자 미용사가 있었어요?"

"아, 저는 거리의 미용사였거든요."

미용사는 거리에서 천을 깔고 머리를 잘라주었느냐고 물었다. 그것이 아니고 골목을 예쁘게 가꾸는 미용사였다고 설명을 해주니 그제야 피식 웃었다. 지금도 거리미용사였던 시절을 후회하지 않는다. 오늘날 크게 위상이 높아진 서울이 될 수 있도록 작은 힘이나 보탰다고 자부한다. 거리미용사로 보낸 나의 청춘이 아깝지 않다.

3. 서울이라는 도시

서울은 일찍이 한성백제 시대의 수도였다. 1994년 조선왕조의 한양 천도 600년을 기념하여 '정도 600년'을 주제로 많은 행사를 개최하였는데 실제로는 2천 년 전인 백제 시대부터 수도였다. 백제의 수도라고 하면 흔히 공주(웅진)와 부여(사비성)를 떠올리지만 678년 존속된 백제왕조시대에 공주는 63년간 수도였고 사비성은 122년간 수도였다. 지금의 서울이 수도였던 기간이 무려 493년이나 된다. 백제를 건국한 온조왕 시절부터 고대국가의 기틀을 닦은 고이왕 국토를 넓힌 근초고왕의 활동무대는 지금의 송파구 강동구 일대였다.

서울은 시대에 따라 위례성慰禮城, 한산漢山, 남경南京, 한양漢陽, 한성漢城, 양주楊州, 경성京城 등 여러 명칭으로 불리다가 1945년 광복과 함께 경성부가 서울시로 개칭되면서 현재의 이름을 갖게 되었다. 1946년에 서울특별자유시로 승격하여 경기도에서 분리되었으며 대한민국 정부가 수립되면서 1949년 서울특별시라는 행정구역으로 발전하였다. 1963년과 1973년에 시역이 크게 확장되었고 1995년에 현재의 시계가 완성되었다. 서울의 위상이 크게 향상된 것은 1986년 아시안게임과 1988년의 올림픽임은 앞에서 말한 것과 같다.

호랑이가 담배 피던 시절의 서울 이야기는 접어두고 광복과 한국전쟁을 겪은 이후 서울의 발전과정 중에서 내 청춘을 바친 주거환경과 개선 부분을 이야기해 보고자 한다. 1960년대 서울의 대표적인 불량건축물은 판잣집과 블록촌이었다. 판잣집은 건축 폐자재와 종이박스를 얼기설기 엮어 집을 짓고 지붕에는 천막 정도를 덮은 집으로 청계천 상류지역과 남산 주변에 많았으며 한국전쟁 이후 북쪽으로 돌아가지 않고 눌러앉은 피난민들이 많이 살았다. 블록촌은 하천 옆이나 산비탈에 값싼 블록과 슬레이트로 하룻밤 새 뚝딱 지은 집들로 지방에서 상경한 사람들이 주로 살았다.

판잣집이나 블록집을 짓는 사람들은 이른바 배경 없고 가난한 사람들이었다. 그들의 사정을 보면 단속하고 정비하는 것이 가슴 아팠다. 하지만 판잣집은 엄연한 불법이었고 도시 발전의 큰 장애였으니 어떻게든 처리해야 했다. 이런 집들은 상하수도가 공급되지 않았고 변변한 화장실이 없어서 각종 병원균의 온상이 되었고 하천 오염의 주범이 되었다. 통풍이 되지 않아 악취가 진동을 했고 전염병이 창궐하였다. 불이 나면 소방차가 들어갈 수 없었고 비가 오면 저지대나 고지대 할 것 없이 난리를 겪었다. 마을 전체가 휩쓸리는 경우도 있었다. 위생이라는 개념도 복지라는 개념도 없던 바로 오륙십 년 전의 서울의 모습이 그랬다.

하룻밤 자고 나면 도처에 수백 동의 불량건축물이 생기다 보니 당시 서울시에서는 전 공무원을 취약지구 무허가 건물 발생지 감시요원으로 동원하기도 하였다. 궁여지책으로 정부와 서울시에서 내놓은 정비방안은 무허가건물을 철거하고 시민아파트 입주 혜택과 보조금을 지급하는 것, 재개발을 통해 건물을 개량하는 것 등이었다. 당장의 생활터전을 잃고 갈 곳

없는 주민들이 영하의 추위 속에서도 계속 잔류하겠다고 할 때 함께 울었던 기억이 지금도 생생하다.

서울 도심에 시민아파트를 지을 땅이 있는 많은 것도 아니었다. 1970년대 초반부터 경기도 광주에 정착지를 조성해서 이주를 시키기 시작했다. 이렇게 해서 옛날 지도에는 없던 성남이라는 도시가 생겼는데 아이러니하게도 지금의 성남시는 한국에서 최고로 살기 좋은 도시가 되어 천당 밑에 분당이라는 말까지 생겼다.

이후 정부와 서울시는 택지개발사업과 한강종합개발계획을 실시하고 도심도 계획적으로 가꾸어서 판잣집과 블록촌은 '그 시절을 아시나요'라는 서울의 옛모습 사진 전시회에서나 볼 수 있다. 법이나 제도가 미흡했던 시절에 거리미용사로 악전고투했지만, 돌이켜 보면 지금의 서울이 될 수 있게 작은 주춧돌 하나는 세운 것 같아 한편으로는 뿌듯하다.

4. 나의 인생, 나의 삶은 서울이다

서울시 공무원으로 정년퇴직을 한 지 어느덧 20년이 흘렀다. 내 인생의 절반에 가까운 시절을 봉직한 곳이다 보니 떠나온 이후에도 애착이 가고 관심이 가는 곳이 서울특별시다. 서울시 인구는 가파르게 상승하여 1988년 1천만 명을 돌파하였다. 이런 인구의 증가는 1992년 1,097만 명으로 최고를 찍은 이후 조금씩 감소하고 있지만 2019년 10월 현재는 973만 6천 명이 거주하는 대도시다.

1천만 명이나 되는 시민이 부대끼며 살아가는 메가시티 서울은 장족의 발전을 하였다. 복개한 개천 위로 흉물 같은 고가도로가 있던 청계천은 고가도로를 철거하고 개천을 덮었던 시멘트를 걷어내어 맑은 물이 흐르는 시민의 휴식처가 되었다. 버스 중앙차로를 만들어 대중교통의 흐름을 원활하게 하였고 버스 도착시각을 안내해 주는 상상도 못했던 교통정보 시스템을 설치하여 운영하고 있다. 달동네에는 번듯한 아파트가 들어섰으며 서울광장이 생기고 한강 다리도 많이 생겼다.

아직도 노숙자 문제, 쪽방촌 문제 같은 현안이 산재해 있긴 하지만 세계 일류도시로서 손색이 없는 발전을 하고 있다. 서울시가 이렇게 일취월장하는 모습을 바라볼 때 참으로 행복하다.

나뭇잎이 떨어지고 추운 겨울이 다가오지만 새봄이 되면 어김없이 꽃눈에서 새순이 돋고 잎이 파릇하게 자란다. 내가 없으면 안 될 것 같던 서울시는 나보다 훨씬 솜씨 좋은 후배 거리미용사들에 의해 이전보다 더욱 아름답게 가꾸어지고

있다. 1천만 시민 모두가 사랑하는 서울시는 오늘도 세계를
향해 무한질주를 하고 있고 돋보기 너머로 이런 서울을 바라
보는 것만으로도 나는 행복하다.

고려대학교 수생태전문가 과정 교육시절의 필자

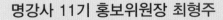

명강사 11기 홍보위원장 최형주

| 아시아나항공 본사 종합통제팀, 경북대 영어영문학 전공 |

내 인생의 가장 소중한 분은 어머니이며 가장 큰 동기부여는 독서이다

〈자격〉 명강의 명강사 1급, 기업교육 강사 1급, 리더십 지도사 1급, 스피치 지
도사 1급, 평생교육 강사 1급, 노인교육 강사 1급, 부모교육 상담사 1급,
인성지도사 1급

〈강의분야〉 자기계발, 동기부여, 행복강의, 인성교육, 리더십교육, 통일 · 평화 교육

M : 010 –3668 –6740 E : yydaddy@hanmail.net

두 어머니
이야기

1. 낳고 길러주신 어머니, 인생의 나침반이 되어주신 어머니

　나에겐 두 분의 어머니가 계신다. 고향에 계신 어머니 김
화선 여사님이 나를 낳고 길러준 정신적 지주 같은 분이라면,
양어머니로 모시고 있는 김성희 여사님은 나의 인생길에 나
침반이 되어 나를 인도해 주신 분이다. 한 분은 가족에 대한

지고지순한 헌신과 사랑으로 효부상, 장한 어머니상 등을 세 차례나 받으신 바 있고, 또 한 분은 한국기자클럽으로부터 대한민국을 빛낸 자랑스러운 한국인상, 칭찬합시다 운동중앙회에서 올해 3월 주관한 3·1운동 100주년 기념식에서 평생을 유아교육(예원유치원 원장)에 헌신한 공로로 대한민국을 빛낸 칭찬주인공 교육부문 대상, 미즈실버코리아 선발대회에서 인텔리전트상 등을 수상하신 분이다. 나는 이렇게 훌륭한 두 어머니의 숭고한 삶에 최고의 경의를 표하며 이 글을 시작하고자 한다.

어머니! 이 말은 내가 생각하기에 세상에서 가장 아름다운 말이다. 생각만 해도 사람들의 마음을 따뜻하게 하고 입가의 미소를 절로 피어나게 하는 힘이 있다. 부모님을 부를 때 흔히 사용하는 말인 부친父親, 모친母親이라는 말에는 자식을 생각하는 어버이의 애틋한 심정이 그대로 잘 나타나 있다. 친親, 이 글자의 뜻풀이를 해 보면, 아직 해도 지지 않은 초저녁부터 동구 밖 과수원길 나무木 위에 올라서서立 일 나간 자식이 집으로 돌아오기만 노심초사 기다리며 쳐다본다見는 뜻으로 해석된다.

철부지 시절, 오로지 자식들의 행복과 건강만을 바라시는 어머니의 한없는 내리사랑을 나는 그때 미처 몰랐다. 차츰 나이가 들면서 고생도 해보고, 아이들을 낳아 키우면서 비로소 그 숭고한 헌신과 희생정신을 조금이나마 깨달을 수 있었다. 그래서 요즘은 어머니의 크신 은혜에 만 분의 일이라도 보답하는 심정으로 매일 전화로 문안인사를 드리고 있다. 어머니는 내가 걱정할까 봐 늘 괜찮다는 대답만 하시지만, 전화기 너머 목소리만 들어도 그날의 컨디션을 미루어 짐작할 수 있게 되었다. 그리고 한 달에 한 번은 서울에서 경북 경산 고향 마을로 직접 내려가 하나뿐인 아들의 얼굴을 보여드리는 작은 실천을 하고 있다. 내년 85세 생신 때는 어머니를 위한 노래를 멋지게 연주해 드릴 생각으로 색소폰과 태평소도 시간이 날 때마다 틈틈이 배우는 중이다. 대문 안으로 들어서는 내 얼굴을 보는 순간 어머니의 이마에 깊게 팬 주름도 활짝 펴진다. 기역 자로 굽은 허리를 펴시고 한달음에 달려와 반기실 때면 좀 더 자주 찾아뵙지 못했다는 사실이 마냥 죄스러울 뿐이다. 그래서 나는 어머니를 꼭 안아드리며 마음속으로 조용히 말씀드리곤 한다.

"별로 드린 것은 없고 그저 받기만 해온 지난 세월, 제 인생에서 가장 고마운 사람은 어머니 바로 당신입니다. 앞으로 제가 아무리 나이를 먹더라도 어머니 눈에는 늘 철부지 꼬맹

이일 뿐입니다. 오늘 하루도 오로지 자식들 건강과 행복만을 기원하며 두 손 모아 합장하시는 어머니가 곁에 계셔서 저는 참 행복한 사람입니다."라고.

얼마 전 문재인 대통령님의 『문재인이 드립니다』라는 책을 읽다가 어머니에 대한 고마운 마음을 잘 표현해 주신 내용이 마음에 와닿아 잠시 소개하고 싶다.

가장 고마운 사람

누군가 물었습니다.
인생에서 가장 고마운 사람이 누구입니까?

저는 대답했습니다.
어머니와 아내입니다.

그가 다시 물었습니다.
한 사람만 꼽는다면 누구입니까?

저는 잠깐 생각한 후에 다시 대답했습니다.
어머니입니다.

아내에겐 내가 준 것도 있을 테지만,
어머니에겐 받기만 했으니까요.

문재인 대통령, '문재인이 드립니다' 중에서

2. 내가 물려받은 최고의 재산은 가난

꽃같이 고우셨던 처녀시절, 그땐 집안 어른들의 소개만 믿고 얼굴 한 번 보지 못한 채 혼사를 치르곤 했다. 당시의 풍습대로 어머니는 그렇게 최씨 문중에 시집을 오셨다. 아버지는 결혼 전부터 편찮으셨다. 그런 아버지의 병수발을 무려 57년이라는 긴 세월동안 하게 되리라고는 어머니는 꿈에서조차 생각하지 못했을 것이다.

중고등학교 시절, 공부를 좋아하시던 아버지께서는 진학을 반대하는 가족들의 냉대와 편견으로 마음에 큰 상처를 입으셨다고 한다. 결혼 후에도 평생 문 밖 출입을 하지 않고 세상과 담을 쌓고 지내셨다. 아버지의 그 고단한 삶의 무게를 대신 짊어진 사람은 바로 어머니였다. 여섯 남매의 하루 끼니를 해결하기 위해 남자도 하기 힘든 온 동네 농사일들을 도맡아 하셨다. 자식들의 학비를 마련하러 늦가을 차디찬 강물 속에서 새벽녘까지 다슬기를 잡아 시장에 내다 판 돈을 신주단지 모시듯 꼭 품고 오셨다. 그런 형편 속에서도 어머니는 늘 어려운 이웃을 먼저 챙기며 콩 한쪽도 나눠 먹도록 우리들에게 가르쳤고, 그런 어머니를 동네 사람들 모두가 믿고 따르며 칭찬해 마지 않았다. 1990년에는 마을 이장 표창, 2007년 어

버이날 기념식 때 경산시장 표창을 받으셨고, 2008년 내가
필리핀 클락공항에서 파견근무를 하면서 공항시설개선, 고객
서비스 향상, 교민사회와 돈독한 관계에 크게 이바지한 공로
로 감사패를 주었는데 당시 어머니한테도 아들을 훌륭히 잘
키웠다며 한인회장님이 표창장을 수여해 주셨다.

하지만 숙명처럼 여겨졌던 가난은 우리 가족을 붙잡고 놓
아주지 않았다. 내가 힘들어 하는 어머니를 기쁘게 해드릴 수
있는 유일한 방법은 공부밖에 없었다. 그래서 초등학교 때부
터 대학을 졸업할 때까지 줄곧 장학생으로서 학비부담을 줄
여드리려 노력했다. 나는 어머니가 딸만 줄줄이 다섯을 낳은
후 어렵게 얻은 막내아들이다. 그런 탓에 누나들은 하나뿐인
남동생의 학업 뒷바라지를 위해 어려서부터 근처에 있는 섬
유공장으로 모두 일을 나갔다. 하루는 어머니가 이런 말씀을
하셨다. "몇 년간만 멀리 행상을 나가 돈을 많이 벌어올 테니
그 때까지 잘 참고 사이좋게 지내라." 청천벽력 같은 이야기
였다. 집을 나서는 어머니의 치맛자락을 붙잡고 여섯 남매가
울며불며 매달렸던 기억이 새삼 떠오른다.

나는 집안형편 때문에 서울에 있는 대학진학은 꿈도 못 꾸
었다. 대신 어머니는 인근에 있는 국립대학에 가서 장학생이

되라고 간곡히 부탁하셨다. 그래서 들어가게 된 곳이 경북대학교 영문학과이다. 행여나 나쁜 친구를 사귈까 봐 대구에서 자취도 안 된다고 해서 4년간 왕복 4시간 거리를 버스를 갈아타며 통학했다. 시간이 아까워 버스 안에서 동서고금의 명작들을 읽고, 주말이면 멀리 경주까지 가서 관광을 온 외국인들에게 불국사와 석굴암 등을 가이드해 주면서 영어회화를 공부했다.

1996년 1월, 대학졸업과 동시에 아시아나항공에 취직했다. 김포공항에서 시작한 신입사원 시절에는 입사 6개월 만에 사장님 표창을 받았다. 서울에서 치료를 마치고 강릉 집으로 가려던 장애인 한 분과 연세 많은 노모가 공항으로 오셨다. 하지만 짙은 안개 때문에 비행기가 결항된 후 어쩔 줄을 몰라 공항청사에서 잘 수 있게 해달라고 청원경찰에게 간청하고 있는 모습을 나는 우연히 보았다. 그날 밤 그들을 자취방으로 모시고 가서 정성껏 돌봐드렸다. 냉장고에 먹을 거라곤 수박 반쪽밖에 없었지만 맛있게 드시는 모습에 내가 더 고마웠다. 다음 날 날씨 때문에 비행기가 또 결항되어 택시를 싼 가격에 수배해 태워 보내드렸다. 그 일이 미담사례로 주요 일간신문에 소개되었고 사장님께서 색동서비스상 표창을 해주신 것이다. 나는 상을 받게 해준 그분들이 고마워서 주소만들고 강릉으로 그분들을 찾아가 진심으로 감사인사를 전했다.

대통령특별기 현지지원반으로 차출되어 남들이 하지 못하는 특별한 경험을 한 적도 두 번 있었다. 노무현 대통령의 참여정부 시절, 2004년 10월 '아시아·유럽 동반자관계의 실질화'를 주제로 베트남의 수도 하노이에서 열린 아셈정상회의와 2006년 5월 안정적 에너지확보를 위한 전략적 협력문제를 논의하기 위해 아랍에미레이트의 수도 아부다비를 방문해가진 정상회담 때였다. 아셈회의가 열리던 하노이의 노이바이공항에서는 한·중·일 3국 정상의 특별기 스케줄이 수시로 조정되는 미묘한 신경전이 벌어졌다. 일본 고이즈미 총리는 항공자위대 소속 점보기 두 대를 동원해 일찌감치 도착했다. 나는 정상회의 하루 전날 모든 사항을 다시 면밀하게 점검해 보았다. 그러던 중 중국 장쩌민 주석이 탄 에어차이나 전세기 스케줄이 아시아나 전세기를 이용한 대한민국 대통령의 특별기 바로 앞으로 갑자기 순서를 바꾼 사실을 발견할 수 있었고 즉시 상부에 보고했다. 의전관례상 타국 정상의 군악대 사열 중에는 모든 항공기의 이착륙이 금지되어 있어 자칫하면 크게 낭패를 볼 수도 있는 상황이었다. 공군 1호기인 특별기 기장에게 미리 연락을 취해 전속력으로 날아온 덕분에 가까스로 우리가 먼저 착륙할 수 있었고 기선제압을 하려던 중국의 노력은 실패로 돌아갔다.

작년 봄부터 나는 22년간의 국내외 공항서비스 현장업무를 마치고 본사근무를 시작하게 되었다. 연말에 만료되는 관세감면법 혜택의 기한연장을 위해 정부기관을 상대하는 일을 하게 되었고, 아울러 아시아나항공 전체의 자산을 총괄하는 업무도 함께 수행했다. 완벽한 일처리를 위해 거의 일 년 동안 하루 4시간만 자면서 공부를 했고, 낮에 피곤이 몰려오면 찬물로 세수를 하곤 했다. 회사 내 유관부서와 긴밀히 협력하며 최선을 다한 결과 연말에 국회본회의에서 법률안이 통과되어 막대한 금액의 세금을 절감하는 결과를 만들어낼 수 있었다.

　나의 이 모든 성취는 어머니께서 가난을 부끄럽게 여기지 않고 당당히 이겨내는 것을 직접 눈으로 보고 배울 수 있었기 때문이라고 생각한다. 그래서 나는 가난이라는 환경을 이겨내고 주변의 어려운 이웃을 도우며 봉사하는 인생을 살기로 늘 다짐하고 있다. 이는 바로 '숙명은 반드시 사명으로 전환할 수 있다.'는 나의 믿음 때문이다. 우리 아이들이 태어날 때 이름을 예린(재주 藝, 이웃 隣), 연우(끌 延, 복 禑)로 지은 이유는 열심히 공부해서 도움이 필요한 주변 분들에게 재주를 나눠주고, 만 리 밖의 복운을 끌어와 행복한 인생을 살았으면 하는 부모로서의 바람 때문이었다. 그래서인지 올해 고 1인 딸은 중학교 때부터 매일 새벽녘까지 공부를 하고 나서야 잠을 청하는 성실함이 몸에 배었다. 중학교 졸업식 때는 모범생으로

서 유동수 국회의원상을 받아 오기도 했다. 중 2인 아들도 한 달 전에 한·중 청소년문화교류단 멤버로 선발되어 중국에 다녀오는 등 두 명 모두 학급 반장을 맡아 솔선수범하는 학교생활을 하고 있어 부모로서 늘 고마울 따름이다. 그래서 아이들과 함께 자원봉사도 자주 다니며 더불어 사는 공동체사회의 소중함을 일깨워 주려고 더욱 노력하고 있다. 아울러 우리 부부가 결혼 후 18년 동안 단 한 번도 말다툼을 한 기억이 없는 것도 나에겐 큰 행복이고 무척 고마운 일이다.

3. 운명적 만남, 국가와 민족을 다시 생각하다

올해는 3·1 만세운동과 대한민국 임시정부 수립 100주년이 되는 뜻깊은 해이다. 동족상잔의 비극인 6·25 참화가 발생한 지도 70년이 다 되어간다. 매스컴에 나오는 독립운동가들의 숭고한 삶을 보면서 그분들의 희생정신으로 오늘날 우리가 이런 편안한 삶을 누릴 수 있다는 사실에 송구스러운 마음이 들었다. 어느덧 내 나이도 불혹不惑을 넘어 이제 곧 지천명知天命이다. 나에게 남은 반세기의 인생은 미혹에서 벗어나 하늘이 주신 명命을 알고 실천해야 하지 않을까 하는 생각이 문득 스쳐갔다. 그래서 나는 지나온 인생을 다시 한번 반추

해 보고 좀 더 의미 있는 삶에 대한 근본적인 고민을 하게 되었다. 이는 자연스럽게 오랜 세월 가슴 속에만 담아두었던 도산 안창호 선생의 말씀을 떠올리게 했다.

그대는 나라를 사랑하는가

그러면 먼저 그대가

건전한 인격이 되라

우리 중에 인물이 없는 것은

인물이 되려고 마음먹고

힘쓰는 사람이 없는 까닭이다

인물이 없다고 한탄하는

그 사람 자신이 왜

인물이 될 공부를 아니하는가

운명적인 만남은 소설이나 영화에서만 존재하는 일인 줄 알았다. 하지만 올해 그런 인연이 실제로 나한테 찾아왔다. 바로 김성희 여사님을 뵙게 된 것이다. 이분은 그동안 우물 안 개구리처럼 살았던 나를 더 큰 세상 밖으로 불러내 국가와 민족에 대해 다시 생각할 수 있게 해주셨다. 첫 만남 이후 거의 이틀에 한 번꼴로 만나 많은 이야기를 나누면서 서로를 향한 애틋한 마음은 깊어져만 갔다. 마치 오랜 세월동안 함께 지내온 모자지간처럼 말이다. 그리고 누가 먼저랄 것도 없이 어머니와 아들로서 인연을 이어가자고 약속하게 되었다.

하루는 김성희 어머니께서 내게 질문을 하셨다.
"사내대장부는 어떤 사람이고, 어떤 인생을 살아야 한다고 생각하느냐?"

나는 사마천의 사기열전에 나오는 예양의 이야기를 예로 들며 대답을 했다.
"중국고사 중에 사위지기자용 여위열기자용 士爲知己者用 女爲悅己者容이라고 있습니다. 남자는 자기를 알아주는 이를 위해 목숨을 바치고, 여자는 자기를 사랑하는 사람을 위해 화장을 한다고 합니다. 사내란 모름지기 그런 기개를 가진 인물이어야 한다고 생각합니다."

그러자 어머니께서는 결연한 어조로 말씀하셨다.
"사내 남男 글자를 보면 입 구口에 열 십十이 합쳐져서 생긴 글자에 힘 력力 자를 더한 모양이다. 자기 가족들을 행복하게 해 주는 것은 물론이지만, 더 나아가 최소 열 명 이상의 주위 사람들을 먹여 살리고 국가와 민족을 위해 큰 뜻을 품고 행동에 옮길 수 있는 사람이 진정한 사내대장부라 할 수 있을 것이다. 이게 아니라면 한낱 졸장부의 평범한 인생을 살 수밖에 없다."

나는 순간 머리를 망치로 맞은 듯 멍한 기분이었다. 가족을 넘어 국가와 민족이라는 큰 뜻을 품고 살아야 한다는 말씀에 그동안의 나 자신의 모습이 부끄럽게 느껴졌다. 그리고 지금부터라도 참된 사내대장부의 길을 걸어 보자는 비장한 결의가 가슴속 깊은 곳에서부터 올라왔다. 마침 TV 뉴스에서는 뚜렷한 인생관과 사명감 없이 그저 금수저, 갑질 등으로 대변되는 암울한 현실을 한탄하며 좌절하는 청년들의 이야기가 나오고 있었고 이를 본 어머니는 말씀을 이어나갔다.

"중요한 것은 환경이 아니라 내가 그것을 이겨내고자 하는 의지가 있는가 없는가이다. 자기 자신이 먼저 바뀌면 주변환경도 전부 바꾸어낼 수 있다. 인생의 나머지 50년을 후회 없이 보낼 수 있도록 한반도의 통일과 세계평화에 이바지할 수 있는 훌륭한 인생을 살아가라."

김성희 어머니는 인삼의 고장 충남 금산에서 태어난 독립
운동가 김용중 선생(1898~1975년)의
후손이다. 외조부님 되시는 애국
지사 귀암 김용중歸庵 金龍中 선생
께서는 부잣집의 장남으로 유복
하게 태어났다. 하지만 삼천리 금
수강산을 군화발로 유린당하고
내 겨레의 말과 글도 가슴 펴고
당당히 쓰지 못하는 현실이 못내

애국지사 귀암 김용중 선생

안타까워 고민하던 중, 뜻있는 고향친구 두 명과 함께 조국의
독립운동에 투신하기로 결의를 한다. 일제 강점기 시절, 독립
운동은 목숨을 걸어야 하는 일이었기에 부모님을 안심시키기
위해서 서울로 장사하러 간다고 대충 둘러댔다. 장사밑천으
로 쓸 수 있도록 논밭을 팔아서 만든 돈을 몸에 지니기 편하
게 금덩어리로 바꾸었다. 하지만 출발 직전 두 친구는 부모님
들께 사실을 들켜 눈물로 호소하는 그들을 차마 저버리지 못
했고 결국 선생 혼자만 중국 상하이로 떠나게 된다. 결혼한
지 일 년도 안 된 시기라 부인의 뱃속에는 따님이 막 자라고
있었지만 유복자를 잘 키워달라는 당부만 남기고 돌아올 기
약이 없는 길을 나섰다. 그때 선생의 나이 겨우 18세였다. 이
태중 아이가 김성희 여사의 모친 고故 김영보 여사다. 남편이

떠나고 없는 가문을 꿋꿋이 지켜내신 어머니 슬하에서 김영
보 여사는 일본유학까지 마쳤다. 동덕여대 교수로 재직하다
고향으로 내려와 금산여중·고등학교를 설립해 후학을 양성
했다. 대를 이은 나라사랑과 교육사업에 헌신적으로 이바지
한 공로로 김영보 여사는 훗날 국민훈장 모란장에 추서된다.

 김용중 선생은 중국에서 만난 몽양 여운형夢陽 呂運亨 선생
의 도움으로 이듬해 미국으로 건너가 도산 안창호島山 安昌浩
선생을 만나게 된다. 도산은 선생의 인물됨을 알아보고 양아
들로 삼아 직접 훈육을 했다. '학문을 배워 조국의 독립에 이
바지하는 큰 일꾼이 되라'는 도산 선생의 가르침대로 하버드,
콜롬비아, 조지 워싱턴, 남가주대학 등에서 수학하며 다방면
의 학문을 두루 섭렵했다. 캘리포니아에서 하루 두 시간만 자
며 막노동 일부터 시작해 각종 과일·채소를 위탁 판매하는
장사로 사업도 크게 성공했다. 그래서 당시 미국유학을 온 많
은 고학생들에게 장학금을 지원하고 한국광복군의 활동에 필
요한 군자금도 손수 조달했다. 미주한인사회의 독립운동에
도 참여해 재미한족연합위원회 집행부 선전과장으로 선임되
어 유창한 영어로 서방세계에 대한독립의 당위성을 역설하
는 역할을 도맡아 했다. 1943년 워싱턴D.C에서 한국인과 연
합국의 친선을 도모하고 연합국의 승리를 돕고자 한국사정사

Korean Affairs Institute를 설립하고, 영문 월간지 『한국의 소리The Voice of Korea』를 간행하여 미국 사회에 한국의 실상과 독립의 필요성을 알려나갔다.

해방 이후 조국이 분단되자 '한반도중립화통일방안'을 대내외에 천명하였다. 유엔사무총장, 인도의 네루수상을 비롯한 미국, 영국, 프랑스, 소련의 지도자들에게도 강력하게 호소했다. 한반도 내에는 이승만, 박정희 대통령, 김일성 주석에게까지 공개서한을 보내는 등 평생을 조국의 독립과 통일, 민주화를 위해 헌신했다. 하지만 이미 권력을 손에 쥔 자들은 선생의 귀국을 두려워했고, 꿈에도 그리던 고향땅을 다시 밟아보지 못한 채 1975년 9월 6일 이역만리 먼 미국 땅에서 결국 그 숭고한 생을 마감한다. "비록 내 육신은 죽어 없어지지만 혼백만은 조국을 지키는 수호신이 되어 한반도에 다시는 전쟁의 참화가 일어나지 않도록 막고 싶다. 그를 위해 내 뼈는 화장하여 38선에 뿌려 달라."는 유언을 남겼다. 하지만 선생의 영향력을 두려워한 권력자의 갖은 방해로 유해조차 국내로 운구되지 못하다가 돌아가신 지 20년이 지난 1995년이 되어서야 국내에서 사망신고를 할 수 있었다. 그리고 마침내 1999년 11월 27일 보훈처의 승인을 받아 선생의 유해는 그토록 사랑하던 고국의 품으로 돌아오게 되었다. 선생의 높

은 유지를 삼가 받들어 외손녀인 김성희 여사가 뼛가루의 절
반은 경기도 파주 임진각 인근 DMZ(Demilitarized Zone, 비무장지대)
에 고이 뿌려드렸다. 다른 절반의 유해는 고향 금산의 선산에
모셔져 있다가 2000년 5월 18일, 김대중 대통령으로부터 건
국훈장 애족장 추서와 함께 독립유공자 증서를 받은 후 국립
대전현충원 애국지사 묘역에 안장되었다. 서거 후 무려 25년
에 걸친 김성희 여사와 외동딸 고故임세연 양의 노력으로 이
룬 첫 번째 결실이었다. 하늘도 감동했는지 선생이 안장된 묘
역은 놀랍게도 양부養父 도산 안창호 선생의 옆자리였다. 살
아서도 죽어서도 영원히 함께 하는 대한의 독립영웅들의 가
슴 뭉클하고도 극적인 해후였다. 선생의 묘역 비문에는 이렇
게 쓰여있다.

중립통일 선구자 김용중 선생

천지가 어둡던 때 조국광복 큰 뜻 세워 햇불 밝히신 님
갈라진 아픈 땅에 깃발 되신 선구자여!
이역의 절규 메아리쳐 산하를 울렸네
가셨어도 우리 끝내 아니 보낸 님이시여
민주 자주 평화통일의 기쁜 함성 지축을 흔들 때
함께하소서 영원하소서

김승자 시인

대한민국의 김용중 선생은 미국의 마틴 루터 킹 목사, 인도의 마하트마 간디처럼 인권투쟁과 독립운동에 평생 매진하신 분이다. 외세의 침입과 내정간섭에 고종황제 때부터 싹트기 시작한 조선의 중립화운동이 갑신정변의 김옥균, 『서유견문』을 지은 유길준으로 이어져 왔지만 번번이 좌절되었다. 이후 김용중 선생이 이를 다시 집대성해 '한반도영세중립화통일'을 주창했고, 이 유지를 이어받은 많은 뜻있는 분들이 꾸준히 학술연구와 평화운동을 실천하고 있다. 한반도중립화통일협의회 강종일 회장님, 한반도미래전략연구원 곽태환 이사장님, 중국 손문 선생 연구의 대가인 정기래 교수님, 몽양 여운형 선생 기념사업회 이부영 이사장님, 인터넷신문 브레이크뉴스 문일석 사장님, 중국 상하이와 칭다오 총영사를 역임하셨던 김선홍 외교관님, 임시정부기념사업회 김자동 회장님, 임시정부기념관 건립을 총책임지고 계신 이종찬 우당기념관 관장님, 1949년 국비유학생 1호로 미국으로 건너가 45년 동안 미국의회도서관에서 한국 전문가로 일하며 한국과 관련된 자료 모으기에 평생을 바치신 故양기백 박사님, 로스앤젤레스에 있는 UCLA대학에서 한국독립운동사를 연구한 안형주 박사님, 하와이에서 동북아평화재단Northeast Asian Peace Foundation을 설립하여 하와이 시장님을 비롯해 각국의 석학들, 평화운동가들과 함께 한반도통일과 세계평화에 이바지하는 방안을 연구하고 계신 유박우 총재님 등 많은 훌륭한 분들이 선생의 유지대로 조국의 번영과 통일을 위해 헌신하고 계신다. 최근 이분들을 직접 만나 뵙고 말씀을 들으면서 나 또한 대한의 건아로서 큰 이상을 가슴에 품고 세계로 시야를 넓힐 수 있는 전기가 되었다.

김성희 어머니는 애국지사 김용중 선생의 외손녀일 뿐만 아니라 민주화인사 고故임익빈 선생의 부인이다. 남편은 경기고, 서울대 법대를 나와 민주화운동에 생애를 바쳤다. 미국 유학을 마치고 나서 고위공무원으로 재직하며 능력을 인정받았지만 그는 유신헌법에 항거하여 반독재투쟁을 벌이다가 블랙리스트에 올라 강제해직을 당하는 등 탄압을 받다가 1999년 봄에 돌아가셨다. 2012년 2월 6일 정부기관인 민주화운동 명예회복 및 보상심의위원회에서 대한민국의 민주헌정질서 확립에 기여하고 국민의 자유와 권리를 회복·신장시킨 공로를 인정받아 민주화인사 증서를 부인인 김성희 여사가 대신 수여받았다. 시아주버님 되시는 고故 임원빈 선생 또한 1940년 11월 3일, 경기중학교 5학년 때 학생회장으로서 '조선인해방투쟁동맹C.H.T'이라는 전국적인 비밀결사조직을 송택영 선생 등 15명과 함께 결성했다. 이후 조직활동을 벌이던 임원빈 선생은 일제의 눈을 피해 소련영사관에 있다 체

포됐고, 혹독한 고문의 여파로 인해 얻은 병환으로 조국의 독립을 4개월여 앞둔 1945년 4월 6일 수원의 자택에서 돌아가셨다. 수감생활을 했던 서대문형무소에서조차 관련된 자료가 없을 정도로 아무도 모른 채 역사 속에 묻힐 뻔했던 행적은 선생의 이야기를 우연히 알게 된 자유기고가의 노력으로 세상에 알려지게 되었고, 돌아가신 지 63년 만인 2008년 3월 1일 3·1절 기념식 날 건국훈장 애족장을 수여받고 독립유공자로서 이름을 남길 수 있게 되었다. 동네에서도 소문난 수재였던 두 아들을 모두 잃어버린 시어머니의 가슴에 깊이 응어리졌던 한을 김성희 여사의 노력으로 비로소 풀어드릴 수 있었던 것이다.

집안의 남자들이 모두 독립운동과 한반도 통일, 민주화 투쟁으로 순국하게 되면서 남은 가족들은 정신적, 경제적으로 이루 말할 수 없는 고통을 겪었다. 숙명여대와 경희대에서 음악을 전공한 후 피아노를 치며 유치원을 운영하던 김성희 여사나 첼로를 연주하며 꿈을 키우던 딸 고故 임세연 양에게 이는 너무나도 가혹한 현실이었다. 하지만 두 사람은 조상들의 숭고한 정신을 유지하고 계승하고자 했다. 이를 위해 한국과 미국을 백방으로 오가며 김용중 선생과 관련된 자료를 수집했다. 말도 잘 통하지 않는 미국으로 건너가 할아버지의 초상과 약력, 이름 등이 한글과 영문으로 적힌 전단지만 들고 LA, 뉴욕, 필라델피아, 뉴저지, 워싱턴 D.C 등지로 선생의 발자취를 따라 무작정 수소문하고 다녔다. 이윽고 3년이 지난 어느 날, 극적으로 할아버지를 아신다는 분과 연락이 닿았다. 그분은 남편의 경기고등학교 52회 동기생으로 미국 UCLA 대학교에서 한국독립운동사를 연구하고 있던 안형주 교수였다. 다시 미국으로 건너가 그분이 준 실마리를 가지고 추적한 결과, 김용중 선생이 수학했던 뉴욕의 콜롬비아대학 도서관 아시아문제연구소에 관련자료 일체가 소장되어 있다는 사실을 알아낼 수 있었다. 그 복사본을 국가보훈처에 제출해 비로소 독립유공자로 인정받을 수 있게 된 것이다. 그런 와중에 믿고 의지하던 남편이 민주화투쟁을 하다가 탄압받은 후유증으로 돌아가시면서 가족을 잃은 슬픔과 외로움은 더욱 깊어졌다. 씩씩하게 어머니 곁을 지키던 외동딸은 마음을 둘 곳을 찾지 못해 운영하던 영어학원마저 그만둔다. 대신 경기도 화성에 유기견 농장을 만들고 한국유기견사랑연합회 회장을 맡아 전국에 버려진 수많은 개들을 구출해 돌보는 일을 시작했다. 하지만 열정적으로 유기견들을 돌보던 딸은 어느 날 갑자기 몸이 좋지 않아 찾은 병원에서 급성백혈병이라는 진단을 받게 되고, 2년 전 49세의 젊은 나이로 사랑하는 어머니 곁을 떠나고 말았다. 하지만 김성희 여사는 여기서 무너질

수 없었다. 할아버지 유지를 실천하기 위해 숭실대학교 통일
정책대학원에 입학해 국제정치와 북한문제를 전공하며 만학
도로서 공부를 지속했고, 사상최초로 여자학생회장에 당선되
어 사람들을 놀라게 했다. 이러한 꾸준한 통일운동의 공로로
금년 9월 1일 대통령직속기관인 민주평화통일자문회의 자문
위원으로 위촉되셨다. 그리고 두 달 전, 운명과도 같은 나와
의 만남 이후 더욱 힘을 내서 고인들의 유지를 실현하기 위해
마지막 투혼을 불태우고 계신다.

"여성은 약하지만 어머니는 강하다."
나는 이제 함께 유지를 받드는 아들로서, 어머니께서 독립
운동가의 외손녀로 민주화 투사의 아내로 감내하며 흘렸던
눈물을 모두 닦아드리려 한다. 그리고 나는 말씀드리고 싶다.
"가장 괴로워한 사람이야말로 가장 행복해질 권리가 있다고
했습니다. 제가 곁에 있는 한 어머니는 앞으로 행복의 여왕으
로서 아들의 개가凱歌를 지켜보아 주십시오. 먼저 가신 가족
분들도 하늘 저 높은 곳에서 지켜보며 미소를 지으실 겁니다.
저는 대한민국의 사내대장부답게 어머니가 원하시는 통일과
평화의 역사를 함께 만들어가겠습니다."라고.

마지막으로 나는 어머니에 관한 명시 한 편을 소개해 드리

고 싶다. 시인은 한국인보다 더 한국을 사랑하면서 형님의 나라, 문화대은인의 나라라고 한국에 늘 감사해 하시는 분이다. 이 시대의 걸출한 평화운동가이자 세계계관시인인 이케다 다이사쿠池田大作 SGI 회장의 명시 '어머니'를 통해서 우리 어머니들의 한없는 사랑을 다 함께 되새겨 보았으면 한다.

어머니 당신은 얼마나 불사의한
풍부한 힘을 갖고 있으리오
혹이나 이승에 당신이 아니계시면
돌아가야 할 대지를 잃고
그들은 영원히 방황하리라

어머니 우리 어머니
풍설에 견디면서
눈물의 합장을 거듭하신 어머니
당신의 기원이 날개로 되어
하늘에 날아오르는 그날까지
평안하라고 기원하리라

어머니 당신의 사상과 총명으로
봄을 바라는 지구 위에
평안의 악보를 연주하소서
그러할 때 당신은
인간세기의 어머니로서
영원히 살리라

이케다 다이사쿠, '어머니'

‖ 교육과정 후기 ‖

남정희 고려대 명강사 최고위과정 운영강사

인생이 살 만한 이유는 무언가에 대한 신념과 열정이 있기 때문입니다. 지난 9월 고려대 명강사 최고위과정 11기 입학식에서 저는 11기 원우님들에게서 신념과 열정을 보았습니다. 18주간의 과정이 본업과 병행해서 배우는 여정이기에 때로는 힘들어서 멈추고 싶은 마음도 들었을 것입니다. 하지만 한명도 빠짐없이 마무리하시는 모습을 보며 다시금 신념과 열정이 넘치는 11기라는 생각이 듭니다. 『명강사 25시-세상을 향해 꿈을 품다』는 선배기수부터 계속 이어져 온 고려대 명강사 최고위과정의 전통입니다. 11기는 특유의 친화력과 창의적인 열정으로『명강사 25시-세상을 향해 꿈을 품다』의 새로운 전통을 만들었습니다. 고려대 명강사 최고위과정이 계속 성장하고 있음을 보여주는 수작이라 하겠습니다. 명강사라는 인생의 새로운 무기를 장착한 11기 여러분의 건승을 기원합니다.

髙麗大學校

조영순 고려대 명강사 최고위과정 운영강사

　살아가면서 새로운 사람과 교제하지 않으면 머지않아 혼자 남겨진 자신을 발견하게 된다고 합니다. 그래서 끊임없이 우정을 관리하고 유지해야 합니다. 11기의 『명강사 25시—세상을 향해 꿈을 품다』는 독자들 속으로 다가가서 새로운 사람과 연결하는 메신저가 될 것입니다. 집필진 한 사람 한 사람의 지혜와 경험이 '인생은 살만하다.'라는 희망을 심어줄 것입니다. 고려대 명강사 최고위과정 11기 여러분의 '18주간의 아름다운 도전과 변신'을 다시 한 번 축하드리며 『명강사 25시—세상을 향해 꿈을 품다』와 함께 대한민국 최고의 명강사로서 그 역할을 다해줄 것을 기대합니다. 11기 원우님들의 앞날에 건승을 기원합니다. 사랑합니다. 축복합니다.

1905

‖ 제 11기 명강사 ‖
소(통)화(합)재(미) 추억을 소환하다
(교육 · 소통 · 화합 · 공저 · 감사 · 협력 · 홍보 · 윤리 · 사랑 · 행복 메시지)

패션거장 김형곤♥

약간의 지식보다 여러분과의 만남이 최고의 행복입니다!!!!

축복천사 김보미♥

함박눈 첫발자국을 찍는 설렘과 책임감으로 살아보자는 마음
이 가득 찼던 순간이었습니다.

건강여신 이영선♥

세상을 다르게 보는 눈이 생겼습니다. 함께 성장하는 11기
동기들의 열정과 따스함. 인생의 축복입니다.

연금지존 조재문♥

100세 삶을 축복으로 만드는 건 뭐? 연금나무Pension Tree입니다.

연금나무 과일이 100세 노후를 든든하게 할 것입니다.

해피리더 신경희♥

세상에서 가장 소중한건 사랑이고 최종 목표는 행복인데 제 11기를 통해 다시 한번 깨닫고 평생 잊을 수 없는 신세계와 인맥을 이루었습니다. 운영진 포함 모든 분들 감사하며 사랑합니다 ♡

인문달인 송은섭♥

고려대 명강사 최고위과정 18주의 변신! 과정 이전의 모습과 이후의 모습을 비교해보면 성장 그 자체를 느낄 수 있는 행복한 시간.

명강사 출정준비 완료!

지식고수 장진영♥

어느 날 아침 꿈에서 깨어나 보니, 인문학을 생각하는 나로 변해져 있었습니다.

행복작가 정자영♥

첫 만남의 기대와 설레임! 이제 그 끝에 서서 벅찬 감동으로 "행복 11기의 힘찬 날갯짓!"이 시작됩니다.

응답천재 김연숙♥

눈빛이 통해야 소통입니다. 눈빛을 나누는 따뜻한 11기는 축복입니다!

지혜박사 정문스님♥

고대 수업을 생각하면 일주일의 피로가 풀립니다. 11기와 함께해 행복합니다.

품격철학 신영호♥

끊임없이 공부하세요. 공부는 곧 앎의 추구이니 분명 세상을 이롭게 할 것입니다.

최키호테 최형주♥

순간순간 목숨을 깎는 심정으로, 오늘 하루도 나의 한계의 벽을 부수는 싸움에 도전하는 역사를 매일 써 내려가고 있습니다!

도전여왕 정서희♥

배움의 목표가 같은 사람들이 모인 고려대 명강사 최고위과정, 설렘으로 시작했던 첫날의 선연으로 18주 동안 서로 소통하고 화합하며 재미있게 배움의 열정을 보여준 11기. 이제 그 열정과 매력을 꿈 너머 꿈을 향해 With 비상합니다.

젠틀교수 엄영환♥

지식, 인간관계의 확장과 도약, 그리고 새로운 세계에 담대히 도전할 수 있는 용기를 얻는 시간이었습니다.

명품보석 문성주♥

좋은 분들과 함께한 시간이 짧지만 행복했고 이 책을 만들기까지 함께 도움 주신 분들께 머리 숙여 감사인사 드립니다.

요양사랑 허지우♥

고대의 인연으로 자극을 준 강의 분야는 내 인생에 더 많은 가치를 얻게 되었고 깊은 사고력을 키워가는 시간이었습니다.

공덕사부 일기스님♥

항상 내가 서있는 곳이 나의 세상! 고려대 명강사 11기와 함께하는 세상은 밝고 따뜻하고 아름다운 세상으로 진화할 것입니다.

젊은열정 김학찬♥

나이가 있어 건강이 좀 염려스러웠지만 심신 건강한 11기가 있어 끝까지 함께할 수 있음을 원우님들께 감사드립니다.

제 11기 고려대 명강사 "네 시작은 미약하나 끝은 창대하리라."

제 11기 고려대 명강사 첫 개강식의 설레임, 화려한 도전 출발~

열정과 사랑으로 뭉친 11기들의 외침
– 우리는 할 수 있다. 고대 명강사 고고고!

함께 꽃길을 걷는 원우들~
인문, 지식, 철학, 사랑, 한순간도 놓칠 수 없었던 25시~

제 11기 우리는 하나다. 그리고 영원히 함께 한다.
- 세계 최강 고대 명강사

‖ 편집후기 ‖

"밤이 있으면 낮이 있게 마련이다. 일 년 중에 밤의 길이는 낮의 길이와 같다. 어느 정도 어두움이 있어야 행복한 삶도 존재한다. 행복에 상응하는 슬픔이 부재하다면, 행복은 그 의미를 상실해 버리고 만다."

스위스의 정신과 의사이자 심리학자인 카를 구스타프 융의 말입니다. 어떠한 문제나 역경도 없다면 정말 멋진 삶이 될 거라고 생각하십니까? 그렇지 않습니다. 폭풍이 휘몰아친 뒤 눈부시게 빛나는 햇빛이 구름 한 점 없는 화창한 날의 햇빛보다 더 찬란한 법입니다. 고난 뒤의 행복 역시 마찬가지입니다. 아무런 어려움 없이 살아간다면 진정한 행복이 무엇인지 알 턱이 없습니다.

18주간의 고려대 명강사 최고위과정은 얼어붙은 생각의 얼음을 깨는 도끼와 같은 인고의 시간이었습니다. 기쁨과 즐거움이 반이라면 힘듦과 어려움도 반이었습니다. 수강생 분들의 사는 지역도 모두 제각각이었습니다. 멀리 제주도에서 급하게 업무처리를 하시고 날아오시기도 하셨고, 부산에서 기차로, 포항에서 심야버스로 수백 킬로미터의 거리를 지나 강의실에 도착하셨습니다. 마치 축지법을 쓰듯 말이지요. 배움의 길이 마냥 즐겁기만 했다면 남는 것도 없었겠지요. 힘들 때 빵빵 터뜨려주던 웃음과 다 같이 해보자며 서로 응원하던 모습에서 우리도 모르게 소중한 인연이 되어가고 있었습니다. 그래서 우리 11기는 더욱 단단한 우정을 쌓을 수 있었다고 자부합니다.

여기 담긴 우리 11기의 글에는 각자의 인생길에서 인고의 깨달음으로 얻은 지혜를 담고 있습니다. '나는 누구인가? 어떻게 살 것인가?'에 대해 생각해 보는 글도 있고, 평생을 바쳐 일군 지식을 전달하는 글도 있으며, 전문가의 지적 탐구에 대한 열정적인 고품격의 글도 담았습니다. 처음 공저 편집을 하면서 필자의 생각과 경험을 어떻게 하면 더욱 쉽고 감동적으로 전할 수 있을까를 고민했습니다. 그러나 공저 편집 마지막 단계에서 느낀 점은 '우려는 기우였다.'였습니다. 집필진의 진정성이 담긴 원고는 읽는 그 자체로도 감동이었습니다.

공저가 잘 만들어지도록 아낌없는 지도와 격려를 보내주신 서필환 대표강사님과 운영강사님, 장진영 11기 원우회장님께 고마운 마음을 전합니다. 그리고 원고작성법부터 첨삭, 퇴고지도까지 너무나 수고해 주신 공저위원장 송은섭, 정자영, 정문스님께 깊은 감사를 드립니다.

  공저『명강사 25시-세상을 향해 꿈을 품다』는 고려대 명강사 최고위과정 11기 원우님들이 명강사로 도약하는 데 날개가 되어줄 것입니다. 힘찬 비상을 응원합니다.

2019년 12월
공저부회장 신경희
공저위원장 송은섭, 정자영, 정문스님

‖ 출간후기 ‖

세상에 행복을 전파하는 명강사들의 삶,
고려대 명강사 최고위과정 11기
『명강사 25시-세상을 향해 꿈을 품다』
그 열정과 환희가 여러분의 마음에도 깃들기를 기원합니다

권 선 복
도서출판 행복에너지 대표이사
대통령직속 지역발전위원회 문화복지전문위원

삶에 있어 배움은 끝이 없습니다. 배우고자 하는 의지가 열정
그 자체이며, 배움에 따르는 결과물이 행복 그 자체입니다. 문
제는 '누구에게 무엇을 어떻게 배울 것인가'입니다. 사실 성인이
된 이후에는 한 명의 멘토, 한 명의 스승을 만나기가 쉽지 않습
니다. 사회가 정해준 인생 항로를 따라 그저 앞으로 나아가다 보
면 시간이 훌쩍 지나 있기 마련입니다. 하지만 우리 주변을 잘
살펴보면 행복한 삶을 위한 노하우를 알려줄 스승이 분명 존재
합니다.

고려대 명강사 최고위과정 11기 - 『명강사 25시-세상을 향해 꿈을 품다』는 각기 다른 인생 여정 속 풀어내지 못한 무수한 질문들을 함께 고민하고 그 결과물을 함께 들려주는 책이라고 할 수 있습니다. 이 책에서 소개된 저자분들은, 다양한 삶 속에서 자신의 가치를 찾아내며 각자의 분야에서 전문가로서 세상에 행복과 긍정의 에너지를 널리 전파하고 있습니다. 저자분들은 다양한 분야, 다양한 이야기로 삶의 지혜와 노하우, 혜안과 성찰을 전하고 있습니다. 하나의 작은 씨앗이 싹을 틔우고 자라나 열매를 맺고 다시 온 세상에 씨앗을 뿌리듯, 이 한 권의 책을 통해 전국 방방곡곡에 행복의 씨앗이 퍼져 나갈 것을 믿어 의심치 않습니다.

고난과 역경이 있기에 희망과 도전이 있습니다. 폭우가 쏟아지다가도 언제 그랬냐는 듯 햇볕이 내리쬐는 것이 우리네 인생입니다. 겨우내 땅 속에 잠들어 있었던 씨앗이 봄의 기척을 느끼며 깨어나듯 사람도 마찬가지입니다. 행복과 긍정이라는 따뜻한 에너지를 품고 있다 보면 잠재되어 있던 가능성도 조금씩 열리기 시작할 것입니다. 그것을 두고 바로 '새 출발'이라고 하는 것이겠지요. 근래에 들어 침체된 경제 분위기와 대립만을 내세우는 사회 분위기 때문에 많은 이들이 힘들어하고 있습니다. 하지만 희망을 잃지 않는다면, 스스로에 대한 믿음을 잃지만 않는다면 분명 꿈은 이루어질 것입니다. 또한 새 출발도 할 수 있을 것입니다. 그 새 출발을 고려대 명강사 최고위과정 11기 -『명강사 25시-세상을 향해 꿈을 품다』와 함께하시길 바랍니다. 이 책이 나오기까지 물심양면으로 도움 주신 장진영 회장님, 도서 발간의 전 과정을 감독해주신 신경희 부회장님, 꼼꼼한 첨삭과 지도로 글 한 편을 한 편을 다듬고 매만져 주신 송은섭 위원장님께 감사드립니다. 이분들 외에도, 소중한 원고를 실을 수 있도록 허락해주시고 협조해주신 명강사 분들에게 감사하다는 말씀 전하고 싶습니다. 여러분들의 정성 어린 손길 하나하나가 모여 보배와 같은 책 한 권이 탄생할 수 있었습니다. 이 책을 읽는 독자분들의 삶에 행복과 긍정의 에너지가 팡팡팡 샘솟으시기를 기원드리며 선한 영향력과 함께 행복에너지가 상생하여 이 세상에 빛과 소금이 되는 삶으로 승화되기를 축원드립니다.

(주) STAR COLUMN

법인·㈜ 스타클룸
개인·굿주얼리
대표·이종숙

총괄이사·문성주
서울 강서구 마곡중앙로 161-8
두산더랜드파크 C동 621호

jewelrymoon7@naver.com
M. 010-5349-5057
T. 02-6989-8445
F. 02-6989-8446

◇ STAR COLUMN

이레인 irene

HEIGHT	5.5CM
WIDTH	2.5CM

rose pink

마사 masha

맨땅에서 시작하는 너에게

이영훈 지음 | 값 15,000원

젊은 사회적 기업가 이영훈의 자전적 에세이인 이 책은 맨땅에서 인생을 시작하
는 청춘들에게 미래에 대한 희망과 충만감을 심어 주는 받침대가 되어 줄 것이다.
어린 시절 아버지가 돌아가시고 어머니는 떠나버려 동생과 함께 고아원에서 자
란 과거는 언뜻 아픈 상처처럼 느껴질 수도 있다. 하지만 그럼에도 불구하고 이
영훈 저자는 자신의 인생을 통해 따뜻한 마음과 활발한 개척정신을 이야기하며
우리를 도닥여 준다.

산에 가는 사람 모두
등산의 즐거움을 알까

이명우 지음 | 값 20,000원

등산 안내서라기보다는 등산을 주제로 한 인문학 에세이라고 부를 수 있는 책이다.
등산의 정의와 역사를 소개하고, 등산이 가지고 있는 매력을 소개하는 한편 등산
중 만날 수 있는 유익한 산나물과 산열매, 야생 버섯과 꽃 등에 대한 지식도 담
아 인문학적 요소, 문학적 요소, 실용적 요소를 모두 갖춘 등산 종합서적이라고
할 만하다.

감동을 팔고 직원들을 춤추게 하라

이수호 지음 | 값 18,000원

이 책은 '전주명가콩나물국밥'의 체인점주 사장 이수호 대표의 경영철학을 담은
따뜻한 에세이이다. 모든 것을 잃었던 저자가 '국밥집 사장'이 되면서 5년 만에
5개의 체인점을 갖는 등 성공의 반열에 오를 수 있게 해준 방법과 그만의 철학
은 많은 이들에게 영감을 불러일으켜 줄 것이며 음식점 주인만이 아닌, 작은 사
업을 하고자 하는 이들에게도 큰 도움이 될 수 있는 구성으로 그 가치가 빛난다.

'행복에너지'의 해피 대한민국 프로젝트!
〈모교 책 보내기 운동〉

대한민국의 뿌리, 대한민국의 미래 **청소년·청년**들에게 **책**을 보내주세요.

많은 학교의 도서관이 가난해지고 있습니다. 그만큼 많은 학생들의 마음 또한 가난해지고 있습니다. 학교 도서관에는 색이 바래고 찢어진 책들이 나뒹굽니다. 더럽고 먼지만 앉은 책을 과연 누가 읽고 싶어 할까요?
게임과 스마트폰에 중독된 초·중고생들. 입시의 문턱 앞에서 문제집에만 매달리는 고등학생들. 험난한 취업 준비에 책 읽을 시간조차 없는 대학생들. 아무런 꿈도 없이 정해진 길을 따라서만 가는 젊은이들이 과연 대한민국을 이끌 수 있을까요?

한 권의 책은 한 사람의 인생을 바꾸는 힘을 가지고 있습니다. 한 사람의 인생이 바뀌면 한 나라의 국운이 바뀝니다. **저희 행복에너지에서는 베스트셀러와 각종 기관에서 우수도서로 선정된 도서를 중심으로 〈모교 책 보내기 운동〉을 펼치고 있습니다.** 대한민국의 미래, 젊은이들에게 좋은 책을 보내주십시오. 독자 여러분의 자랑스러운 모교에 보내진 한 권의 책은 더 크게 성장할 대한민국의 발판이 될 것입니다.

도서출판 행복에너지를 성원해주시는 독자 여러분의 많은 관심과 참여 부탁드리겠습니다.

도서
출판 **행복에너지** 임직원 일동